本书为2018年度国家社科基金重大研究专项项目
"平等公正核心价值观融入产权保护立法研究"（批准号18VHJ007）的阶段性成果

市场化背景下

职业资格证书制度体系研究

SHICHANGHUA BEIJING XIA
ZHIYE ZIGE ZHENGSHU ZHIDU
TIXI YANJIU

吕海涛　著

四川大学出版社
SICHUAN UNIVERSITY PRESS

项目策划：梁　平
责任编辑：梁　平
责任校对：杨丽贤
封面设计：璞信文化
责任印制：王　炜

图书在版编目（CIP）数据

市场化背景下职业资格证书制度体系研究 / 吕海涛
著．— 成都：四川大学出版社，2021.7
　　ISBN 978-7-5690-4789-9

　　Ⅰ．①市… Ⅱ．①吕… Ⅲ．①职业技能－资格认证－
研究－中国 Ⅳ．① C975

中国版本图书馆 CIP 数据核字（2021）第 130181 号

书名　　市场化背景下职业资格证书制度体系研究

著　　者	吕海涛	
出　　版	四川大学出版社	
地　　址	成都市一环路南一段 24 号（610065）	
发　　行	四川大学出版社	
书　　号	ISBN 978-7-5690-4789-9	
印前制作	四川胜翔数码印务设计有限公司	
印　　刷	四川盛图彩色印刷有限公司	
成品尺寸	170mm×240mm	
印　　张	10.5	
字　　数	198 千字	
版　　次	2021 年 8 月第 1 版	
印　　次	2021 年 8 月第 1 次印刷	
定　　价	48.00 元	

◆ 读者邮购本书，请与本社发行科联系。
　　电话：(028)85408408/(028)85401670/
　　(028)86408023　邮政编码：610065
◆ 本社图书如有印装质量问题，请寄回出版社调换。
◆ 网址：http://press.scu.edu.cn

四川大学出版社
微信公众号

序

杨遂全*

　　以市场化背景为视角，对职业资格证书制度体系进行研究，有利于通过民事职业资格身份权的确立形成就业机会平等、人力产权平等的人力市场制度的基本法律制度。本书对我国应当汲取他国职业资格身份制度民事化经验的研究，也有利于从实际操作和司法实践完善反歧视制度。在建设此种制度时，应不断总结我国改革开放后人力资源市场化机制建立的经验教训，特别是解决市场经济体制下通过建立科学的职业资格身份制度，给包含流动就业者在内的各劳动者群体提供对未来生活的期许和上升的空间，真正从民事制度性上融入社会主义市场经济体制。

　　新中国成立初就建立了相应的职业资格证书制度，并区分了各种不同工种和技术级别。但是其最初是完全服务于计划经济体制的劳动力分配制的，并且限于人事制度的范围内。改革开放后，我国开始建立劳动者自由流动社会体制，职业资格认定制度才逐步步入人力市场机制的轨道。目前，职业资格证书制度事实上是人力市场机制的准入制度。只有凭借个人的职业能力进行判断，才会尽可能地消除各种招聘制度中因出身和社会关系造成的消极影响。为此，我们要全面落实我国《民法典》的立法精神，切切实实推进我国的社会平等，让全体人民共享改革成果，增强人民的幸福感和获得感，最终走向共同富裕。

　　另外，职业资格证书制度也是反歧视制度的基础性制度。在程序和制度方面，必须思考我国应否建立专门的职业资格管理机构，特别是民商法上的法人机构。当前，尽管我国已经通过了《促进就业法》，但是我国的反就业歧视工作还任重道远，各界对歧视的危害性认识也不足。

　　从他国利用职业资格证书制度创造均等就业机会和体制性反歧视的法律制度和操作实践来看，应在法律程序上给相关行业协会或其他社会团体反职业歧视诉讼诉权等；应在立法和执法程序方面来一次全面的清理，彻底查清哪些法

---

　　* 杨遂全，四川大学法学院教授，民商法学博士生导师，经济学博士生导师。

1

律法规还存在与职业平等不符合的制度性歧视，哪些劳动保护、职业平等监督和执行措施还不公平，哪些还不能保护公民职业资格身份利益等。未来我国也应当尽可能地在职业资格认定之外和反歧视领域引入举证责任倒置原则，如借鉴法国法院在职业信用和反就业歧视证据方面的经验。

吕海涛博士的这本专著以市场化侧面为切入口探讨了相关法律问题，通读本书后，有以上感想。话题外草写几句，是为序！

目　　录

导　论

一、选题背景及意义

（一）我国职业资格证书制度的发展及改革

职业资格证书制度（亦常被一些学者称为职业资格制度，我国相关制度和政府文件统一使用了职业资格证书制度的名称，本书或引用文献中出现的两种称谓实为同一内涵）是在我国基本确立了市场经济体制后，逐步建立的一套劳动力资源评价调配的重要手段。职业资格证书制度在我国的建立和发展可谓"大起大落"，可简单分为暴发性发展期和清理整顿期。1993 年《中共中央关于建立社会主义市场经济体制若干规定》指出"要制定各种职业资格标准和录用标准，实行学历文凭和职业资格两种证书制度"，一时间不同部门、机构随意设置了名目繁多甚至内容交叉重叠的各种职业资格，考证热也成为当时的一种社会现象；2007 年 12 月 31 日，因为"考试太乱、证书太滥"等突出问题，国务院办公厅印发了《关于清理规范各类职业资格相关活动的通知》（国办发〔2007〕73 号），明确规定了清理规范的主要内容，即清理规范职业资格的设置、培训、收费、考试和鉴定，以及职业资格证书的印制和发放等；2017 年国务院同意印发《进一步减少和规范职业资格许可和认定事项的改革方案》，同年人力资源和社会保障部又公布了《国家职业资格目录》。① 职业资格证书

---

① 人力资源和社会保障部：《人力资源社会保障部关于公布国家职业资格目录的通知》（人社部发〔2017〕68 号），2017。

制度经过了十余年的高速发展期，同时也经历了长达十年的清理整顿期。①

(二) 国家政策调整对职业资格证书制度改革的影响

在当代各国职业资格证书高覆盖的背景下，探讨我国职业资格证书制度发展和改革的特殊性，国家政策对制度产生的影响，以及为何要在 2007 年启动清理规范等问题很有必要。显然，职业资格证书制度建设之初很大程度是为了响应《中共中央关于建立社会主义市场经济体制若干规定》确立的实行学历文凭和职业资格两种证书制度并行的机制；而十八届五中全会明确提出要深化行政管理体制改革，持续推进简政放权的要求，也对职业资格证书制度的改革产生了极大的影响。2013—2017 年，人力资源和社会保障部更是先后分七批取消了 434 项国务院部门设置的职业资格许可和认定事项，削减比例达到原总量的 70％以上，最后仅保留了共计 140 项职业资格。有的学者建议应尽快制定统一的许可评价制度，以作为《行政许可法》的配套法规，不能让定期评价机制形同虚设。②

(三) 探索职业资格证书制度的价值取向，明确改革的方向

职业资格证书制度究竟仅仅是行政许可范畴下的狭义资格制度，还是应涵盖公私法交互下的劳动力评价制度、行业及个人私法自治制度、职业资格身份权力保护制度、职业教育培训制度等构成的更广义范畴的制度体系呢？职业资格证书制度不仅仅是单纯的管理制度，其价值还应包含维护社会公共利益、促进行业自身发展、储备从业人员劳动力资源、提高劳动力交易效率等。统筹兼顾、综合考虑才是进一步完善我国职业资格证书制度设置的宗旨所在③，改革的重点和难点并非如何实现简政放权，而是寻找如何将私法原理融入职业资格证书制度体制创新，如何处理好与制度息息相关的几组关系，如职业资格身份

---

① 从 1994 年 2 月 22 日劳动部、人事部印发的《关于颁发〈职业资格证书规定〉的通知》对职业资格基本分类及其概念做出明确规定，1995 年人事部印发的《职业资格证书制度暂行办法》将职业资格分为从业资格与执业资格，到 2007 年国务院办公厅印发《关于清理规范各类职业资格相关活动的通知》（国办发〔2007〕73 号）的十余年时间，我国职业资格证书制度经历了大发展；然后从 2007 年到 2017 年国务院同意人力资源和社会保障部印发《进一步减少和规范职业资格许可和认定事项的改革方案》的十年时间，国家进行了多轮职业资格清理整顿。

② 李诗林. 论行政许可设定范围的合理界定——对《行政许可法》第 13 条的批判性思考 [J]. 行政法学研究，2008 (3)：69-73.

③ 朱勇. 职业资格证书设置制度的法理分析——以《行政许可法》为视角 [J]. 安徽警官职业学院学报，2012 (1)：19-21.

权与劳动者就业自由权及公共利益的关系、劳动力市场效率与个人自由的关系、职业资格合法性与职业资格有效性的关系、资格削减与信赖保护的关系、职业资格证书制度与行政部门利益及行业协会社团利益之间的关系、行政规制与私法自治的关系等，以及如何使制度真正走向市场化，如何建立科学的制度改革评价体系。

二、国内外研究现状和发展趋势

本书的研究对象是职业资格证书制度，而且主要专注点是我国的职业资格证书制度的改革，因此首先需要对我国职业资格证书制度的发展沿革进行梳理，特别是结合制度的运行现状（包括立法状况和运行效果），对不同阶段政府出台的改革政策进行分析，从而对改革的指导思想、改革方案和制度体系构建等现实问题进行研究。笔者对国内外研究进行收集整理时发现相关的研究并不多，且国内外的研究对象主要是研究者本国的职业资格证书制度相关情况，由于国与国之间的制度运行本来就存在着各种差别，导致国内外研究因国别差异体现出各自的一些特点，现将国内外研究现状和发展趋势归纳如下：

（一）国内研究现状和发展趋势

笔者进行文献检索后发现，截至 2019 年底我国关于职业资格证书制度相关问题研究的博士论文还没有；硕士论文有 32 篇（其中 5 篇是研究主要专题或对比研究我国职业资格证书制度的，5 篇是主要研究英国或德国职业资格证书制度的，其余为研究职业资格证书制度某一特定部分或研究职业教育并结合职业资格证书制度等其他问题的）；期刊 2132 篇，其中重点研究职业资格证书制度与职业教育、继续教育的有 1416 篇，从法律视角关注职业资格证书制度仅有 60 余篇。由此看来从事教育理论特别是职业教育理论的学者对职业资格证书的关注更多，主要从教育学理论的视角对职业资格证书制度进行了研究；而职业资格证书制度并未引起法学界更多的重视，即没有太多的法学理论研究人员认为职业资格证书制度是一个值得从法学研究视角关注的命题。已经出版的专著多以概述和介绍职业资格证书制度为主。从这些专著的名称可以发现，多数学者关注的重点是职业资格证书制度中的考试制度这一部分内容。吕忠民围绕职业资格的主题先后在一些刊物发表了一系列的文章，包括《我国资格考试的发展方向》《国际职业资格认证对构建我国职业资格认证体系的启示》《职业研究对策》。他于 2008 年参与了我国职业资格清理工作，其专著《职业资格制度概论》较为详细地介绍了职业资格证书制度的概念、特点、功能和分类，也扼要地介绍了日本、澳大利亚、加拿大、美国和英国的制度概况，另外采用详细列举的方式介绍了我国的准入类和水平评价类职业资格的设置情况。但是其着眼点是制度的实际应用问题，关注的重点仍然是职业资格考试和职业资格考试的标准化建设，并未就制度做相关的理论研究。[①] 总体而言，国内对职业资格证书制度做专门理论研究的文献并不多，目前对于职业资格证书制度的研究根据研究的内容、重点和切入点的不同概括起来主要有以下几类情形：

第一类研究关注的是职业资格证书制度的介绍和借鉴。这类研究主要产出的时间是从 1994 年至 2007 年，即职业资格证书制度建立前后起至国务院发布《关于清理规范各类职业资格相关活动的通知》期间。多数研究通过介绍英国、美国、德国、日本等其他国家职业资格证书制度，从而提出我国应如何借鉴和发展本国职业资格证书制度的建议。有的学者认为职业资格证书制度涵盖的范围远远不能满足市场需求，认为需要在国家主导并结合市场化的方向大力发展和完善职业资格证书制度，引入了新制度经济学的分析理论工具和框架，宏观上演绎分析职业资格证书制度与国家经济、用人企业、劳动者等相关要素的关系，且具体提出了由国家统一职业资格，提高证书的地位，改革职业标准及培训体系之建议[②]；有的学者把英国的国家职业资格制度体系（National Qualifications Frameworks，NQF）和澳大利亚的职业资格框架（Australia Qualifications Framework，AQF）作为研究范本，梳理分析两国的职业资格考评制度，特别是对制度的实施背景、考评质量的保障体系建设和程序制度建设进行了分析，提出我国应建立统一的职业资格培训考评制度[③]；有的学者认为，英国有非常完善的职业教育体系，我国应学习英国职业资格证书制度，通过对比分析来进一步完善我国职业资格证书制度，从而实现促进我国整个职业教育的发展目标[④]；有的学者认为职业资格证书制度与国家的劳动力分工、经济发展和劳动者素质提高密切关联，它的发展有利于人力资源开发、行业规范化管理和促进劳动者就业，认为我国应加强职业制度的体系化建设，借鉴发达国家的职业资格制度的评价模式，最终完善我国职业资格证书制度的人才评价

① 吕忠民. 职业资格制度概论 [M]. 北京：中国人事出版社，2011.
② 田大洲. 我国职业资格证书制度研究 [D]. 北京：首都经济贸易大学，2004.
③ 黎娜. 英国、澳大利亚职业资格考评实践及其对我国的启示 [D]. 上海：华东师范大学，2005.
④ 郭伟萍. 英国职业资格证书制度的研究 [D]. 天津：天津大学，2005.

体系①。另外，有的学者通过分析 2003—2006 年的居民综合社会调查的几千份问卷，建立职业资格认证收入效应计算模型，得出的结论为职业资格证书制度有利于我国从业人员人力资本的积累，从而有利于劳动者收入的提高，还有利于开发市场对技术服务质量尤其是高级技术、优质服务的需求。②

第二类研究不再只是介绍和借鉴推广国外的职业资格制度，或职业资格制度的某一方面，因为这时我国的职业资格制度从出现到建设发展已经经历了十多年的时间，学者们开始关注我国职业资格证书制度实践中遇到的问题。当然，这类研究也直接反映了政府部门对职业资格制度的态度和正在实施的改革的情况，其时间起点为 2007 年国务院下发清理规范各类职业资格的通知之时。这类研究又具体分为几种情况：

（1）研究不再停留于制度的表面，而是通过分析制度内涵，研究制度制定的程序合理性及体系构建问题。学者们开始反思职业资格证书制度实践中出现问题的缘由。有的学者认为职业资格证书制度出现问题的主要原因是制度制定和执行没有很好地把握职业资格证书制度与执业准入的内涵，可能在最初的制度设计环节就存在缺乏合理程序、制度定位不清等问题，自然在制度的执行过程中也就出现了偏差。有的研究甚至直接指出职业资格证书制度改革困难的原因是既得利益者的阻挠，导致了改革过程中制度变迁需要付出高昂的成本。③

（2）研究开始关注制度中不同主体的作用发挥，有学者通过分析研究认为政府部门在制度执行中的角色定位不准，没有发挥好行业协会、企业的作用。有学者通过比较中国与澳大利亚、日本职业资格证书制度，认为我国应加强国家层面的制度统筹规划，强化人力资源和社会保障部在制度统筹协调中的重要角色，从证书质量管理、标准体系建立、行业和企业作用发挥入手进行制度的改革。韩舒文通过对中国与澳大利亚职业资格证书制度的管理模式、证书等级标准、培训和鉴定系统的比较，提出应加强证书质量管理、完善第三方认证规则、建立以能力导向的标准体系、促进行业和企业参与职业教育、增强学历与职业资格证书的互通。④刘程程则在介绍日本职业资格制度如国家资格与民间资格、职业资格考试类别、考试的管理主体及具体内容的基础上，以注册税务

①　侯自芳. 我国职业资格制度人才评价体系研究［D］. 北京：国防科学技术大学，2006.

②　李雪，钱晓烨，迟巍. 职业资格认证能提高就业者的工资收入吗？——对职业资格认证收入效应的实证分析［J］. 管理世界，2012（9）：100-109.

③　李红卫. 我国职业资格证书制度矫正难的原因及完善策略［J］. 职业技术教育，2012（7）：47-52.

④　韩舒文. 中、澳两国职业资格证书制度比较研究［D］. 石家庄：河北师范大学，2014.

师为切入点比较中日两国职业资格的法律体系、管理主体和考试要素，剖析了我国职业资格制度存在的诸多问题，如法律体系不健全、管理混乱、缺乏民间机构的参与、资格种类设置不科学、评价标准不合理和考试组织混乱等，在此基础上提出应加强制度建设、强化政府宏观调控、鼓励民间力量参与，从而建立科学的职业资格框架体系。① 刘明伟对职业资格的管理方面进行了研究，指出其存在资格分类和标准不清晰、实施机构不明确、监督不到位、认证方式单一及国际认证衔接度低的问题。他认为问题的成因主要在于社会认知不足、法律体系支撑单薄、行政管理部门的服务意识不强及管理运行不到位和评价机制设计不科学等方面，在介绍了英、美、德、日的职业资格管理特点后，指出我国应从加强职业资格的管理、行政立法、管理组织架构、监督评价机制等方面入手进行完善。②

（3）通过研究我国职业资格证书制度的历史和现状，提出综合的解决方案。如有学者通过详细梳理职业资格证书制度在我国建设的历史背景及发展过程，特别是从计划经济体制到市场经济体制，伴随经济体制的变革和法治建设的推进以及政策调整下职业资格证书制度的角色定位和制度功能发生了巨大的变化，从工人等级技术标准制度逐渐变为以市场作为劳动力资源配置主体下的人力资源调配的综合性制度，同时还分析了准入类和水平评价类职业资格的异同，指出未来趋势应该缩小准入类职业资格和加强水平评价类职业资格，评价主体也应从政府部门向行业协会、学会转移。③ 也有学者开始从宏观层面的国家与国家之间的职业资格证书制度的比较、分析、借鉴，转移到制度在微观的、具体的、一定区域的实践运用的实证研究，结合我国某一特定区域分析职业资格证书制度的现实问题，提出应从法律法规、管理机构、质量保障、职业资格认证、技术资源等方面来构建职业资格证书体系。④ 有学者认为应建立职业资格管理制度的长效机制，职业资格清单目录设置应坚持基础性、必要性、效率性、发展性四大标准。⑤

第三类是将制度改革和法学理论、行政法治相结合，提出制度改革法治化概念。从职业资格证书制度在我国出现起，对职业资格证书制度的各方面研究

———————————

① 刘程程. 日本职业资格制度概述及其对我国的启示 [D]. 济南：山东大学，2013.

② 刘明伟. 我国职业资格管理的问题与对策研究 [D]. 济南：山东大学，2015.

③ 曹晔，盛子强. 我国职业资格证书制度的历史、现状与趋势 [J]. 职教论坛，2015（1）：70-75.

④ 柳杰. 职业资格制度在苏州：现状、问题分析及体系构建 [D]. 苏州：苏州大学，2017.

⑤ 谢晶，孙一平，黄梅. 设置职业资格清单目录应坚持四大标准 [N]. 中国劳动保障报，2017-7-5（4）.

主要是在社会学、经济学、管理学和少数行政法学等领域进行，鲜有从职业资格证书制度改革相关法学理论的角度开展。近年来，在研究身份权的学者当中，有人在进行身份制度和身份权研究时指出可以将成员权确认为身份权，可以促进身份法体系的发展和完善，因此从资格所带来的身份权益来看，资格权属于身份权，认为身份权是指具有特殊身份的人以对他人人身支配为内容的一种非财产性质的民事权利，进而指出公民通过努力取得的医师资格、教师资格是一种资格权的体现，应归属于身份权。① 对身份权内涵的扩展性解释对职业资格证书制度的理论构建相当有价值。也有的学者提出了职业资格制度改革法治化的概念，首先指出了我国职业资格证书制度的问题在于行政权过度使用、重许可轻监管和行政理念落后三方面；其次对职业资格的内涵进行分析归纳，提出了身份性、资质性、门槛性和强迫性的特征性描述，特别是提出了"资格证的持有者是权利主体和义务主体的统一"的观点来支撑职业资格强迫性的特点，指出职业资格滥发导致的干预私权、干预行业和干预市场的弊病。在国家提出职业资格证书问题是"主体多、数量多、条件多和干预多"的基础上，进一步分析提出了导致问题的原因是行政的自利、行政立法的越位、行政权滥用和行政的懒政，认为职业资格证书制度改革应纳入法治范畴，将其纳入行政法治全过程分阶段实施改革，在过程中做到标准化、清单化、立法化和市场化。②

综上所述，国内对职业资格证书制度的研究视角与其所处的特殊背景有着紧密的关系，即 1994 年至 2007 年制度处于发展阶段，此时的研究主要关注制度如何移植和借鉴；2007 年国家开始进行职业资格的清理整顿，此后的研究则立即转向我国职业资格证书制度实践中遇到的问题；直到近年来，改革已经经历了十年有余后，才有学者开始创新性地从法学理论的视角研究职业资格证书制度改革的相关法理学问题。总体而言，我国国内直接针对职业资格证书制度的研究呈现以下一些特点：一是偏宏观轻具体地细化内容。无论是职业资格证书制度建设期还是改革期的研究，均是先从宏观上通过对国外职业资格制度的概况予以介绍，然后开始与国内的职业资格证书制度进行一种"面"上的比较和分析，缺乏对制度具体构成的实证研究分析，无论是建议移植借鉴，还是改善现有问题，都缺乏具体规定、具体制度的支撑。二是偏重从管理学的角度对制度进行研究。多数研究关注的点集中在考核标准、机构组织构架、行政统

---

① 赵亮. 居民身份制度与身份权研究 [J]. 公民与法（综合版），2014 (12)：58—61.
② 张淑芳. 职业资格证治理法治化研究 [J]. 东方法学，2017 (5)：11—20.

筹机制方面。三是偏重法治建设中的公法内容。在为数不多从法学角度研究职业资格制度的论文中，多为职业教育法和行政法的内容。

(二) 国外研究现状及发展趋势

发达国家建立职业资格证书制度的时间较早，以英国、美国、德国、日本、澳大利亚为代表的发达国家的职业资格证书制度多数都有超过百年的历史。其职业资格证书制度的发展体现为内生型的特点，制度的来源是协会自治而非行政管制。需要特别重视的是，英国的国家职业资格证书制度呈现的是与我国完全相反的制度改革发展方向，英国政府更深、更广地介入了制度框架体系的建设。笔者检索到的国外研究资料对该制度的研究时间相对国内更早，研究关注的重点和研究手段也与国内不同。经历了上百年的制度发展变革期，管理水平更高和行业协会发展得更为成熟，多数学者并不关心是否由政府主导制度建设、协会扮演的作用是否充分、法律制度是否健全或考查标准是否客观，而是重点关注职业资格证书制度的经济功能或者经济功能发挥与制度价值基础的平衡。学者 Carpenter 对职业资格做了专门的研究，发现美国职业资格证书的覆盖率从 1950 年的 1/20 增加到 2012 年的 1/3。他认为职业资格对于美国的中等收入群体构成了额外的负担。同时，他收集梳理了大量其他学者的研究并指出对于职业许可的研究主要有两种观点占主导地位：第一种观点认为，职业资格许可主要是一种通过限制进入职业 (Friedman，1962) 来保持高工资的手段，几乎没有社会效益。对各种职业的研究表明，职业资格许可确实减少了劳动力的供给 (Adams、Jackson、Ekelund，2002；Federman、Harrington、Krynski，2006；Carpenter、Stephenson，2006；Jackson，2006；Jacob、Murray，2006；Kleiner、Todd，2007)，导致工资增加 (Adams、Jackson、Ekelund，2002；Angrist、Guryan，2008；Kleiner、Kudrle，2000；Timmons、Thornton，2008；White，1978)。此外，这种观点还提出职业多样性几乎不能提高产品、服务的质量 (Angrist、Guryan，2008；Buddin、Zamarro，2008；Kleiner、Petree，1988；Carpenter，2008；Skarbek，2008；Kleiner、Todd，2007；Kleiner、Kudrle，2000；Paul，1984；Carroll、Gaston，1981)。第二种观点承认职业资格许可可能会增加专业人员的工资，但认为职业资格许可是解决信息不对称问题的一种重要手段。消费者的信息比从业者少，职业许可证保护消费者不受信息差的影响 (Leland，1979；Shapiro，1986)。这一观点得到了一些研究结果的支持，这些研究结果确定了职业法规和服务质量之间的积极关系 (Johnson、Loucks，

1986；Shilling、Sirmans，1988）。此外，当倡导新的法规或捍卫现有法规时，行业领导者常常强调公共卫生、安全和福利是社会公正的体现。笔者通过自己收集的材料也验证了 Carpenter 的"两种不同观点占主导地位"的判断。持第一种观点的学者认为职业资格通过限制进入来实现提高收入：通过数据分析认为职业资格证书制度是通过限制竞争来提高持有证书的职业人员的收入；认为资格证书被作为一种政治工具，被用于设置进入障碍或被优势企业用于限制潜在竞争者的进入。很多得出以上类似判断的学者的研究都结合了具体职业如医生、护士、律师、美容师、理疗师等。当然，也有学者提出了相反的观点，即第二种观点，他们认为职业资格许可有利于"解决信息不对称问题"。他们从社会责任的视角切入，认为职业资格证书制度有利于消除消费者和专业人员之间的信息不对称。除了两种主要的观点，还有学者针对职业资格许可研究提出了其他的一些观点，如认为职业资格证书制度有利于提高服务质量。有日本学者研究发现日本持有职业资格证书人员占就业人口的 40%，而且该比例在服务业更高，职业证书持有和受教育程度呈正态分布，证书的持有还特别对女性和年纪大的男性的就业率有促进作用。但研究同样认为证书对持有劳动者个体带来各种益处的同时也会降低市场的效率，但相对而言水平评价类的证书比准入类证书的影响更小。

（三）制度研究的不足和改革需要的理论突破

首先，笔者认为国内对职业资格证书制度的研究不足主要表现在以下方面：第一，缺乏对职业资格证书制度建立的基础法学理论研究，并未着眼于制度相关的权利内涵与保护机制、权利与权利平衡机制的研究。第二，缺乏对制度价值的研究，无法针对制度改革提出原则性、方向性的建议，停留于简单化地介绍与借鉴国外制度。第三，研究的视角仍然停留在行政管理、行政体制改革、职业教育培训以及职业评价标准建设和考核认证机制建设等制度实际运行层面，缺乏从法学视角对制度的考量。第四，重公法轻私法，重行政体制改革轻市场手段引导，在研究职业资格制度改革时，虽然有学者指出了制度的市场化改革，但是却不重视私法调整对市场、对制度的重要价值，体现了研究中的内部矛盾性。第五，研究过程缺乏坚实的论据和论证过程，在对比国内与国外在制度上存在的差异或差距方面，多数是强调宏观制度理念上的差别，但在实践运行中，为什么差和差在哪儿总体缺乏实证的论证支撑。第六，缺乏理性判断的研究手段，对制度改革分析评价时缺乏科学的评价机制。例如有的学者认为英国的国家职业资格证书制度就比国内制度优越，但缺乏有说服力的论据和论证过程以及基本的科学评价。

其次，发达国家对于职业资格许可的研究与国内区别较大。产生较大区别的主要原因是发达国家的职业资格证书制度经过上百年的发展和完善，制度的体系已经相当完善，各项法律制度也非常成熟，影响力巨大的行业协会往往扮演了比行政部门更重要的角色，职业资格的覆盖率也远远高于国内。基于研究对象的实际情况，国外学者自然不再关注制度体系内部设置是否科学、行政部门行使权力是否得当，更多的是对制度在本国实践的一种反思：反思职业资格是否被优势企业或行业协会绑架，用于限制劳动者准入，以实现集团或群体利益的最大化；反思不同的协会、不同的地域、不同的标准是否额外增加了劳动者不必要的成本；反思职业资格许可是否真正可以提高劳动者素质和改善收入。当然，也有学者的研究关注制度本身对于公共利益的价值，关注两种主流观点之外的其他制度功能。总体而言，国外对于职业资格证书制度的研究还体现出重实践研究轻理论研究的特点。

总体而言，对于职业资格证书制度的研究，发达国家的学者远远走在国内学者之前，这也是各国制度处于不同发展阶段的一种正常反映。笔者认为国内研究的短板主要体现在对法学理论研究的挖掘不足，对制度的市场化发展认识不足，对私法调整和制度改革功效关注不足，对制度的环境差异化研究投入不足，对法学原理和实证化、科学化的研究手段运用不足。笔者认为逐项解决上述不足就能自然产生研究的突破，如果能够更加重视我国的制度环境特点，恰当地将私法原理用于制度改革的研究，就有可能在我国职业资格证书制度市场化改革中实现理论的突破。

第一章　职业资格证书制度改革困境

第一节　我国与发达国家职业资格证书制度对比

一、职业资格证书制度的中国化

（一）职业资格证书及职业资格证书制度自然萌发

职业（occupation），是指个人在社会中所从事的作为主要生活来源的工作。执业，是指律师、医生、会计和某些中介服务机构的人员进行业务活动。资格，指从事某种活动所应具备的条件、身份。[1] 职业资格将两个词合并起来，即从事某些业务活动应具备的条件、身份。我国《职业资格证书制度暂行办法》规定：职业资格包括从业资格和执业资格，从业资格是政府规定专业技术人员从事某种专业技术性工作的学识、技术和能力的起点标准；执业资格是政府对某些责任较大，社会通用性强，关系公共利益的专业技术工作实行的准入控制，是专业技术人员依法独立开业或独立从事某种专业技术工作学识、技术和能力的必备标准。[2]

从世界范围来看，职业资格证书制度是在市场经济发展到一定水平的背景下，在一些率先实现工业化的国家建立起来的一项制度。有的学者认为它是按照国家制定的相关法规，在必要设置的行业中建立资格标准，以一定程序和方式评价与规范社会从业成员达到从事某种职业活动所具备的基本条件的社会活

---

① 中国社会科学院语言研究所词典编辑室. 现代汉语词典 [M]. 7 版. 北京：商务印书馆，2018.

② 人力资源和社会保障部：《职业资格证书制度暂行办法（人职发［1995］6 号）》，1995。

动体系。① 有的学者认为它是政府或政府指定的考试机构，按照国家制定的职业技能分类标准，对专业技术人员的从业、执业资格进行客观公正的评价，并为合格者授予相应的职业资格证书的制度。② 早期的研究指出该制度建立的理论基础是弥补信息不对称这一市场经济的制度缺陷，尤其是在服务业，服务提供者和使用者之间的信息不对称表现得更为显著，因此对这类职业的管制也就更早出现。也有人认为该制度的建立首先是相关行业为了维护行业内既有职业从业者的权益，同时也为了保障行业整体质量水平，从而促进行业可持续健康发展的需要。职业资格证书制度的实践，在各国因相应的教育体系和劳动力市场体系的不同，由不同的模式构成，这些模式主要由该国所秉持的劳动力市场管理服务的价值导向决定。

(二) 中国特色的职业资格证书分类

对于中国而言，职业资格证书制度为引入制度，其分类却与其他国家不尽相同，不同的证书分类恰好也是我国职业资格证书制度特点的直接反映。根据不同的标准可以划分为不同种类，1995 年人事部印发的《职业资格证书制度暂行办法》将职业资格分为从业资格与执业资格；2007 年《国务院办公厅关于清理规范各类职业资格相关活动的通知》（国办发〔2007〕73 号）将职业资格分为行政许可类职业资格与非行政许可类职业资格；人力资源和社会保障部2017 年 9 月公布的《国家职业资格目录》将职业资格分为专业技术人员职业资格和技能人员职业资格，两种资格内部又都分为准入类职业资格与水平评价类职业资格。除了《职业资格证书制度暂行办法》具体对两种不同的职业资格做了专门的界定外，其他的几种分类只是在相应文件中提出了分类，并没有对分类的标准和分类后不同类别的职业资格做出直接界定。但是，结合做出分类的两个通知③的背景还是比较容易知道几种不同的职业资格分类的对应关系：从业资格与非行政许可类职业资格、水平评价类职业资格当属同一内涵，执业资格与行政许可类职业资格和准入类职业资格也属同一内涵。

不同的分类和名称其实折射出了国家特别是政府相关部门对职业资格的认识的变化，例如最初的从业资格和执业资格是制度建立初期的分类方法，当然

---

① 吕忠民. 职业资格制度概论 [M]. 北京：中国人事出版社，2011.
② 刘程程. 日本职业资格制度概述及其对我国的启示 [D]. 济南：山东大学，2013.
③ 国务院办公厅：《国务院办公厅关于清理规范各类职业资格相关活动的通知》（国办发〔2007〕73 号），2007。人力资源和社会保障部：《人力资源社会保障部关于公布国家职业资格目录的通知》（人社部发〔2017〕68 号），2017。

也反映出早期制度建立时我国职业资格证书制度条块分割的特征：当时国家决定由人事部和劳动部分别实施这项制度。人事部的建设过程采用了先试点后稳步推进的模式，建立起来的一些职业资格认证也得到了社会的认可，如现在《国家职业资格目录》里的教师资格、法律职业资格、医师资格等。而劳动部因负责的职业范围不同，更多是一些普通行业的技能性工作岗位，在资格性质界定时采用了"学识、技术和能力的起点标准"的提法，很长时间被作为一种接近准入控制的"准"准入控制标准。2000 年施行的《招用技术工种从业人员规定》第十条甚至规定"必须取得相应职业资格证书后，才能到技术工种岗位就业"，更是强化了从业资格的准入性控制的做法。2015 年对《招用技术工种从业人员规定》的废止也体现了国家对"从业资格"和其涉及的职业的态度转变。

二、发达国家职业资格证书制度概况

（一）英国、美国职业资格证书制度

英国是最早建立职业资格证书制度（亦称职业资格制度）的国家，但是制度建立一段时间后，英国政府发现其与英国的劳动力市场和企业的需求相去甚远，为了改变这样的现状，也为了适应英国当时经济发展需求，1988 年一个新的组织——英国国家职业资格委员会建立了，随后被称为国家职业资格（National Vocational Qualifications，NVQ）的职业管理系统应运而生。英国的职业资格体系改革很大程度将职业教育融入其中。英国教育部随后又推出了普通国家职业资格证书（General National Occupational Qualifications，GNVQ）。NVQ 和 GNVQ 的推出完全改变了英国此前的职业资格管理体系，一个更全面、更系统、更被市场认可的职业资格管理体系逐渐形成。该体系直至今日仍对英国职业资格管理和职业技术培训人员素质提升产生着极大的推动作用。英国的职业资格管理系统相对于其他资本主义国家可谓独树一帜，因为它更多体现了国家管理者的意志，通过改革形成了更加完整和统一的基本框架。归纳起来，英国的职业资格系统具有以下特征：第一，具有一套完善的标准体系。这套体系是在国家职业资格委员会的指导下，授权相关的产业机构具体制定的。它既体现了国家意志，使得标准更具全国通用性，又体现了行业要求，让标准更加符合行业的实际情况。第二，具有一套稳定可靠的评估系统。作为职业资格系统的核心内容，评估系统是否被劳动力市场各方认可是整个职

业资格系统改革成功的关键。英国政府为此专门组建了由政府、企业、学校、培训、咨询机构多方组成的评估中心，中心经由国家授权具体负责全国的职业资格评估工作。第三，具有完善的质量监督体系。质量监督体系是前面的标准体系和评估体系两者间的统一性和有效性的重要保障。英国政府建立了涵盖整个职业资格系统全过程的质量监督体系，并且对质量监督的机构、人员和经费给予了充分的保障。①

美国也是很早就建立职业资格制度的国家之一，早在 1938 年职业资格制度相关法律法规便已先后建立。因为美国实行联邦制，其相关法律体系不同于英国，并没有形成全国统一的职业资格法律体系，往往根据职业的特点和重要性来决定是否颁布联邦法律，或是仅仅由州政府颁布实施即可。与英国及其他国家相似的是，联邦政府颁布职业资格法律法规前也需要广泛地征求各方面的意见，包括向行业、企业和广大劳动者征求意见，组织听证会听取专家意见等。美国的职业资格制度经历长期的建设和发展后，形成了一套较为完备的法律体系，使得职业资格制度在具体实施过程中各个步骤都有法可依。总体而言，与英国职业资格体系相比较，美国选择的是一条相对松散的管理模式，但是对于一些特殊的职业如工程师、医生、护士、律师等具有悠久历史的传统职业，其注册、管理、考试和职业证书的发放均要求经过一套完善的程序，往往由各专业协会接受政府委托，负责具体职业资格考试的考试大纲拟定、专业能力评估和执业过程的监督。如果执业人员在执业过程中出现质量事故或者道德问题，则由专业协会负责查实事故情况和原因，随后向所在州政府书面报告。如发生严重的事故，专业委员会同时还要提出吊销或者中止职业资格的动议，由协会或相关部门取消或暂时取消相关人员的执业资格。②

（二）德国、日本职业资格证书制度

德国也是较早建立职业资格证书制度的国家之一，相对来说，德国的职业资格证书制度主要有几个特点：一是职业资格制度相关的立法非常完善、严谨，二是职业资格的质量监督体系非常严格。德国职业资格制度立法特点显然与其作为大陆法系国家代表不无关系，具备完善的法律体系、高超的立法水平向来是德国的一大特点。德国的职业资格法律体系同样也非常完善，无论是劳动人员的培训还是职业资格考试、职业资格证书管理等与职业资格制度相关的

---

① 柳杰. 职业资格制度在苏州：现状、问题分析及体系构建 [D]. 苏州：苏州大学，2017.
② 华晓晨. 美国职业资格管理制度 [J]. 中国人才，2008（21）：31—32.

各个环节都制定了完备的法律。譬如在职业教育和培训方面，就制定了《联邦职业教育法》《职业培训条例》《考试条例》等法律，这些法律内容涵盖了培训的名称、课时、教学框架计划、内容要求和需要达到的培训效果等。另外，德国的职业资格证书制度的质量监督严格、公正，在监督机制方面，德国引入了"三方监督机制"，其考评、监督机构由不同的三方代表组成，这三方代表包含劳动者、行业协会和政府部门。正是这种三方组成的监督人员机构，发挥了重要的相互制约、相互监督的作用。此外，程序严格也是德国质量控制的一大特点，在职业考试命题开发、鉴定流程组织和评分技术的实施方面，都有着非常严格的程序，使得职业资格的质量认证过程得到全面控制。同时，为了保障考生的权益，德国还引入了诉讼程序，当对考核认证过程和结果有疑义时，考生首先可以要求考评委员会对异议部分进行核查，并针对性地作出合理解释，如果对考评委员会作出的答复不满意，甚至可以向法院提起诉讼。这样的举措既是保障考生的权益，也是提升职业资格认证过程质量的一种手段。

日本根据资格实施主体的不同，将职业资格分为国家资格、公共资格和民间资格三大类。国家资格是相对更为重要的资格，主要是关乎国家以及个人生命财产安全的职业。公共资格，是指根据技能审核认证制度被政府认定为与国家、社会利益有重要关系的资格。民间资格，是指相对不那么重要，由民间资格管理者自行管理、自行组织职业培训和评价并赋予相关资格证书，主要是在国家没有进行强制性管理的职业领域。① 另外，为了保证职业资格考试的公平、公正，日本也在对职业资格相关的法律、法规体系进行不断的完善，包括对职业资格考试的标准、方式、内容、流程以及奖惩措施都逐渐确立了明确的规定和要求。与此同时，日本也常常根据社会发展变化后的实际情况及时地对相关职业资格法律进行修订完善：譬如 1987 年修订了《国家资格考试制度六法》，修订内容共涉及 55 个不同行业和专业；再如对《教员许可法》，从 1949 年到 1980 年的 30 余年间，修订次数达 15 次。此外，日本还会对获得职业资格证书的人员进行动态化管理。

（三）成熟的职业资格证书制度的表现

英国、美国、德国和日本四个发达国家的职业资格证书制度虽然各具特点，但是不难发现四个国家的职业资格证书制度又同时具有很多共同特性。正是这些共性，使得职业资格证书制度在这些国家的劳动力市场领域发挥了积极

---

① 苗月霞. 日本职业资格管理制度的经验与借鉴［J］. 国际人才交流，2010（3）：33－34.

的作用，而这些共同之处概括起来主要体现在四个方面：健全的法律法规体系、严格的质量保障体系、科学的职业标准体系、有序统一的管理机构。

总之，笔者通过研究发现这些国家的职业资格证书制度因历史、社会、文化和经济方面的不同而各自呈现出一定的特点，但是总的来说，因为这些国家在制度建设方面具有更长的历史，积累了更多的建设经验，加之社会组织的发展更加成熟，所以职业资格证书制度的整体构建更加完善，特别体现在：一是职业教育系统与职业能力评价系统配合更加合理和默契；二是职业培训体系和考核标准的全过程都有社会组织、企业、劳动者更深入的参与，职业资格认证与劳动力市场距离更近；三是后续的评估体制、监督机制更完善，制度灵活性更强，与传统的学位教育衔接更好。我国的职业资格证书制度也应不断借鉴发达国家的先进经验，建立法律体系健全、评价机制科学、部门职责明晰、质量保障体系完善的职业资格制度，充分发挥职业资格在确保安全生产、提高劳动者素质、科学评价人才、培育"工匠精神"等方面的正面作用，建立起具有中国特色的职业资格管理制度体系。

三、英国国家职业资格制度对我国的启示

总体而言，包括中国在内的多数发展中国家和新兴经济体在职业资格制度方面都面临相似的情况和问题：不同教育阶段和教育培训体系之间缺乏交互途径；一般只有普通高中学历的毕业生才能获得正式的高等教育机会；教育培训和工作之间的交互不明确，离开教育体系（特别是中国的普通教育体系）后需要重返教育体系的途径不明确；职业资格证中包含的关于学习或工作能力以及学习成果的信息很少；职业资格认证机会和职业路线有限；不同职业资格之间缺乏可比性和互换性；普通教育与职业教育之间独立性强，对青少年未来教育机会影响大；社会对学习应用知识和从事实际工作的接受度低；职业教育社会地位低，缺乏合适的师资来培训学生的职业技能；职业培训往往质量差，不符合行业实际需求；职业资格体系缺乏企业和行业组织参与；劳动者缺乏系统地接受公司内部初始和持续培训的机会；对于非正规部门和系统，缺乏以资格认证为导向的二次资格认证计划的机会；缺乏对教育和培训的社会、经济、就业和劳动力市场匹配度的严格评估；培训形式和方案的散乱使参与培训的雇主和劳动者都无法理解。而上述问题在英国已经得到了基本解决。20 世纪 80 年代英国国家职业资格（NVQ）和普通国家职业资格（GNVQ）的先后出现将普通教育与职业教育并轨。这已经成为一种新的全球性现象，澳大利亚国家资格

框架制度（AQF）也于 1995 年在全国开始运行。许多国家将 NQF（National Qualifications Frameworks）用作职业资格体系改革和交流的工具，以实现各种形式的教育培训和资格认证的流动性、过渡和认可。英国国家职业资格体系是发达国家职业资格的完全市场自治走向国家行政适度介入的代表，虽然目前美国等其他发达国家并未建立这样的国家层面的制度，但是也有学者认识到了完全社会自治的弊端，因为自治可能被强势企业和协会绑架而给劳动者和消费者带来更多的负担。①

我国目前的职业资格证书制度的实际情况和国家特有的制度性优势使得我们借鉴英国的国家职业资格（NVQ）、普通国家职业资格（GNVQ）有着独特的条件和优势。首先，在构建组织管理体系方面相对便利，恰好可以与政府行政体制改革相结合，厘清职业资格的牵头部门和实施部门的关系；其次，可以更容易在制度改革中提前做好制度性顶层设计，在行政管制和市场自治方面选择很好的平衡点；再次，可以利用改革来克服职业资格规制中行政管制和市场自治的制度性失效的情形。英国的国家职业资格（NVQ）和普通国家职业资格（GNVQ）的特点和优势大概表现在以下方面。

（一）全国统筹的组织管理体系

我国的职业资格证书制度经过改革基本明确了由人力资源和社会保障部牵头、业务部门具体实施的结构，英国经过 20 世纪 80 年代对职业资格体系的改革后，也形成了由政府部门和非政府独立机构共同组织的全国性的教育及技能管理体系，这些机构包括教育与技能部（Department of Education and Skill）、国家资格和课程委员会（Qualification and Curriculum Authority）②、证书颁发机构（Awarding Bodies）和考评中心（Approved Centers）以及与企业结合的地方职业继续教育中心和鉴定中心。英国的整个职业资格体系又具体分为职业资格标准体系、评估体系、质量监督体系，每一个部门或机构都有明确对应的职责，如国家职业资格标准是在国家职业资格委员会（NCVQ）的指导下，由产业指导机构制定。③ 另外，考评和评估的程序、角色和考评的证据都有明

---

① Dick M Carpenter II, Lisa Knepper, Angela C Erickson, et al. Regulating work: Measuring the scope and burden of occupational licensure among low－and moderate－income occupations in the United States [J]. Economic affairs, 2015（35）: 2－18.

② 2001 年，原来的 NCVQ 和学校课程与评价委员会（SCAA）合并成立国家资格与课程委员会（Qualifications and Curriculum Authority），简称 QCA。

③ 陈李翔，陈卫军. 英国职业资格证书制度与鉴定技术 [J]. 中国培训，1996（5）5: 51－55.

确的规定，例如英国职业资格的考评共分为四个阶段：制订评估计划、确定评估方案、收集评估证据和评估结果记录反馈。①

（二）劳动者职业素质持续保障

英国国家职业资格（NVQ）的一个重要目标就是对非正规和非正式学习的认定和教育信用（积分）转移，为劳动者提升职业素质提供第二次机会或替代性过渡路线。这对那些没有接受正规教育，但已在非正规和非正式环境中获得技能、先前的学习和工作经验的青年人来说尤其有益。为了实现提升劳动者职业素质的终身教育目标，NVQ 的另一个重要做法是解释质量方面的正式要求，使其更易于理解，从而使劳动者更容易实现过渡，有利于劳动者（特别是青少年）从不合格和社会边缘化向进一步学习和进入主流的工作世界（劳动力市场）的转变。

（三）职业资格证书的互换性

目前，英国的国家资格体系已经在英格兰、威尔士和北爱尔兰实施，共计设立九个等级（如表1—1）。为了实现职业资格与普通教育的并轨，实现职业教育培训与普通教育的替代转换、不同阶段的教育培训互换、非正规教育与正规教育互换，每一级里面均包含了不同教育培训体系的相应证书，除了入门级（Entry level）和八级（Level 8 qualifications），其余的七个层级里面都包含国家职业资格（NVQ）的相应层级，其中五级（Level 5）对应高等教育文凭（certificate of higher education），六级（Level 6）对应硕士文凭、学位（graduate certificate；graduate diploma），七级（Level 7）对应科学硕士（master of science）等。由此看来，英国的职业资格证书不仅根据不同的水平分为多个等级，而且高等级的证书已经实现了与硕士这样层级的高等教育的互换，彻底改变了职业资格的社会地位。

---

① 黎娜. 英国、澳大利亚职业资格考评实践及其对我国的启示［D］. 上海：华东师范大学，2005.

表 1—1　资格等级表（Qualification levels）[①]

等级	内容
Entry level（入门级）	入门级奖励、入门级证书（ELC）、入门级文凭、其他语言使用者的入门级英语（ESOL）、入门级基本技能、入门级功能技能、生活技能
Level 1 qualifications（一级资格）	一级证书，GCSE—3、2、1 级或 D、E、F、G，1 级奖励，1级证书，1 级文凭，1 级 ESOL，1 级基本技能，1 级功能技能，1 级国家职业资格（NVQ），音乐 1、2、3 级
Level 2 qualifications（二级资格）	CSE—1 级，GCSE—9、8、7、6、5、4 级或 A、B、C，中级学徒，2 级奖励，2 级证书，2 级文凭，2 级 ESOL，2 级基本技能，2 级功能技能，2 级国家证书，2 级国家文凭，2 级国家职业资格（NVQ），音乐 4、5 级，O 级—A、B 或 C 级
Level 3 qualifications（三级资格）	A 级，获得高等教育文凭，高级学徒，应用通识，AS 级，国际文凭，3 级奖励，3 级证书，3 级 ESOL，3 级国家证书，3级国家职业资格（NVQ），音乐 6、7、8 级，技术水平
Level 4 qualifications（四级资格）	高等教育证书（CERTHE）、高等学徒、高等国家证书、证书（HNC）、4 级奖励、4 级证书、4 级文凭、4 级国家职业资格（NVQ）
Level 5 qualifications（五级资格）	高等教育文凭、基础学位、高级国家文凭（HND）、5 级证书、5 级证书、5 级文凭、5 级国家职业资格（NVQ）
Level 6 qualifications（六级资格）	学位学徒制、荣誉学位［如文学士（BA）荣誉、理学士（BSC）荣誉］、研究生证书、研究生文凭、6 级奖励、6 级证书、6 级文凭、6 级国家职业资格（NVQ）、普通无荣誉学位
Level 7 qualifications（七级资格）	综合硕士学位，如［工程硕士（ME）］、7 级奖励、7 级证书、7 级文凭、7 级国家职业资格（NVQ）、硕士学位［如文学硕士（MA）、理学硕士（理科硕士）］、研究生证书、教育研究生证书（PGCE）、研究生文凭
Level 8 qualifications（八级资格）	博士学位［如哲学博士（博士或博士学位）］、8 级奖励、8 级证书、8 级文凭

　　总之，英国的国家职业资格（NVQ）、普通国家职业资格（GNVQ）体现了发达资本主义国家由过去完全将职业资格交由市场和行业自治向国家行政介入的一种调整，通过将企业和行业组织吸引进来与政府部门一起从国家层面对职业资格进行管理，力求在行政管制和行业自治之间寻求一种平衡，其终身教育理念、主动响应劳动者和市场需求、打通普通教育与职业教育的特点和做法

---

　　① 本表由笔者根据网站 https://www.gov.uk/what—different—qualification—levels—mean/list—of—qualification—levels 数据整理制作。

都值得我国借鉴。终身教育理念是对传统的职业资格的准入性的一种颠覆，职业资格并非在相关职业设置一道门槛，而是创造的一种持续的职业素质提升的途径。另外，其清晰和分工明确的组织管理体系和标准化的过程设计也都需要我们在改革制度时充分关注，以便一方面明确职业资格牵头部门和实施部门的职责，一方面完善标准和程序的科学化设计。当然，程序设计和不同证书的互换标准的认定执行，对管理水平提出了极高要求，同时也意味着需要大量资金的投入，这也是我国制度改革者需要充分考虑和重视的环节，从而根据我国的实际情况逐步推进实施。

四、行政体制改革尚未解决职业资格证书制度的根本问题

（一）我国职业资格证书制度建设情况

在我国计划经济时代，工人作为劳动力的主要构成，通过技术等级标准制度来确定工资等级。随着市场经济体制逐步建立，职业资格证书制度也于1993 年被中央文件首先提出。《中共中央关于建立社会主义市场经济体制若干规定》指出要制定各种职业资格标准和录用标准，实行学历文凭和职业资格两种证书制度；同年劳动部印发了《职业技能鉴定规定》，对技能型人才开始开展社会化的职业资格鉴定工作，实行国家职业技能鉴定证书制度，对技术等级考核合格的劳动者，发给相应的技术等级证书；对技师资格考评合格者，发给相应的技师合格证书或高级技师合格证书。

1994 年 2 月 22 日，劳动部、人事部印发《关于颁发〈职业资格证书规定〉的通知》（以下简称《规定》），对职业资格基本分类及其概念做出了明确规定。《规定》指出：职业资格是对从事某一职业所必备的学识、技术和能力的基本要求。职业资格包括从业资格和执业资格。从业资格是指从事某一专业（工种）学识、技术和能力的起点标准。执业资格是指政府对某些责任较大、社会通用性强、关系公共利益的专业（工种）实行准入控制，是依法独立开业或从事某一特定专业（工种）学识、技术和能力的必备标准。《规定》同时也对证书覆盖范围做了分工：劳动部负责以技能为主的职业资格鉴定和证书的核发与管理（证书的名称、种类）按现行规定执行，人事部负责专业技术人员的职业资格评价和证书的核发与管理。各省、自治区、直辖市劳动、人事行政部门负责本地区职业资格证书制度的组织实施。

1995 年 1 月 17 日人事部印发了《职业资格证书制度暂行办法》，分别就

职业资格、从业资格的内涵、取得方式、证书效用、执业资格注册制度做了规定。该办法指出，职业资格包括从业资格和执业资格，从业资格是政府规定专业技术人员从事某种专业技术性工作的学识、技术和能力的起点标准；执业资格是政府对某些责任较大、社会通用性强、关系公共利益的专业技术工作实行的准入控制，是专业技术人员依法独立开业或独立从事某种专业技术工作学识、技术和能力的必备标准。该办法还规定：执业资格考试由国家定期举行。考试实行全国统一大纲、统一命题、统一组织、统一时间，所取得的执业资格经注册后，全国范围有效。国务院有关业务主管部门负责组织执业资格考试大纲的拟定、培训教材的编写和命题工作，并组织考前培训和对取得执业资格人员的注册管理工作。执业资格实行注册登记制度。注册是对专业技术人员执业管理的重要手段。未经注册者，不得使用相应名称和从事有关业务。

我国正式以法律的形式对职业资格制度予以确定，是以《劳动法》和《职业教育法》在1995年和1996年的先后颁布实施为标志的。《劳动法》第六十九条规定：国家确定职业分类，对规定的职业制定职业技能标准，实行职业资格证书制度，由经备案的考核鉴定机构负责对劳动者实施职业技能考核鉴定。《职业教育法》第八条规定：实施职业教育应当根据实际需要，同国家制定的职业分类和职业等级标准相适应，实行学历证书、培训证书和职业资格证书制度。国家实行劳动者在就业前或者上岗前接受必要的职业教育的制度。

2000年3月劳动和社会保障部发布了《招用技术工种从业人员规定》（2000年7月1日实施，2015年11月废止，后文将详细分析实施后又废止的相关情况），其第二条规定：用人单位招用从事技术复杂以及涉及国家财产、人民生命安全和消费者利益工种（职业）（以下简称技术工种）的劳动者，必须从取得相应职业资格证书的人员中录用。技术工种范围由劳动和社会保障部确定。省、自治区、直辖市劳动保障行政部门和国务院有关部门劳动保障工作机构根据实际需要，经劳动和社会保障部批准，可增加技术工种的范围。第四条规定：技工学校、职业（技术）学校、就业训练中心及各类职业培训机构的毕（结）业生，必须取得相应职业资格证书后，才能到技术工种岗位就业。第九条规定：用人单位和职业介绍机构发布技术工种人员招聘广告时，在应聘人员应具备的条件中须注明职业资格要求。第十一条规定：用人单位违反本规定招用未取得相应职业资格证书的劳动者从事技术工种工作的，由劳动保障行政部门给予警告。其附件内容为《持职业资格证书就业的工种（职业）目录》，对共四大类90个工种实行就业准入。2004年7月起，《行政许可法》开始实施，规定了什么情况可以设定行政许可，什么情况可以不设行政许可，以及法律、行政法规、国务院决定、地方性和省、自治区、直辖市人民政府规章可以设定行政许可或临时性的行政许可的不同情形。《行政许可法》第十二条规定：提供公众服务并且直接关系公共利益的职业、行业，需要确定具备特殊信誉、特殊条件或者特殊技能等资格、资质的事项。第十三条规定了可以不设行政许可的四种情况：①公民、法人或者其他组织能够自主决定的；②市场竞争机制能够有效调节的；③行业组织或者中介机构能够自律管理的；④行政机关采用事后监督等其他行政管理方式能够解决的。第十四条规定：本法第十二条所列事项，法律可以设定行政许可。尚未制定法律的，行政法规可以设定行政许可。必要时，国务院可以采用发布决定的方式设定行政许可。实施后，除临时性行政许可事项外，国务院应当及时提请全国人民代表大会及其常务委员会制定法律，或者自行制定行政法规。第十五条规定：尚未制定法律、行政法规的，地方性法规可以设定行政许可。尚未制定法律、行政法规和地方性法规的，省、自治区、直辖市人民政府规章可以设定临时性的行政许可。地方性法规和省、自治区、直辖市人民政府规章，不得设定应当由国家统一确定的公民、法人或者其他组织的资格、资质的行政许可，不得设定企业或者其他组织的设立登记及其前置性行政许可。其设定的行政许可，不得限制其他地区的个人或者企业到本地区从事生产经营和提供服务，不得限制其他地区的商品进入本地区市场。第十七条规定：除本法第十四条、第十五条规定的外，其他规范性文件一律不得设定行政许可。

2007年12月31日，国务院办公厅印发了《关于清理规范各类职业资格相关活动的通知》（国办发〔2007〕73号），要求对各类职业资格有关活动进行集中清理规范。其中说明了清理规范的原则和范围、职业资格的设置、考试、鉴定、证书的印制和发放、培训、收费以及清理的方法步骤、职责分工等方面的要求。2008年人力资源和社会保障部等8部门又联合下发了《关于贯彻〈国务院办公厅关于清理规范各类职业资格相关活动的通知〉的通知》，要求各地区和各部门在当年6月前按照国办发〔2007〕73号文件的精神完成本行政区域和本系统各类职业资格相关活动的清理规范工作。现在看来，2008年其实并没有全部完成相关清理规范工作。

党的十八届三中全会明确提出行政审批制度改革；十八届五中全会提出进一步转变政府职能，推进简政放权、放管结合、优化服务，提高政府效能，激发市场活力和社会创造力。从2013年到2017年，国务院将减少和规范职业资格许可和认定事项作为推进简政放权、放管结合、优化服务（以下简称放管服）改革的重要内容，先后分七批取消了434项国务院部门设置的职业资格许可和认定事项，削减比例达到原总量的 70％以上。[①] 2017 年 9 月 12 日人力资源和社会保障部公布了《国家职业资格目录》，指出国家按照规定的条件和程序将职业资格纳入国家职业资格目录，实行清单式管理，目录之外一律不得许可和认定职业资格，目录之内除准入类职业资格外一律不得与就业创业挂钩。《进一步减少和规范职业资格许可和认定事项的改革方案》和《国家职业资格目录》的公布可视为自 2007 年启动职业资格清理工作以来的重要阶段性成果，为职业资格制度改革的深化和逐步走向制度化和规范化提供了基本原则和依据，显然这并非职业资格制度改革的终点，其本身也有不足和需要完善之处。

（二）我国职业资格证书相关社会现象及问题

诚然，我国职业资格证书制度逐步建立和发展，对提高专业人员和技能人员的整体素质发挥了积极作用，丰富了我国人力资源的评价体系，为社会和劳动力市场在学历证书之外提供了新的识别依据。制度发挥积极作用的同时，在建设实施过程中也出现了一些突出的问题，"集中表现为考试太乱、证书太滥"[②]。为了追逐利益，一些部门、机构或者社会组织以职业资格的名义设置名目繁多、重复交叉的"资格"，然后随意组织举办各类考试、培训、认证等活动从中牟利。在繁荣的考试热的背后，实际上得到劳动力市场真正认可的、含金量高的职业资格证书所占比例不高，导致了社会资源的极大浪费，增加了就业成本，更重要的是还消耗了政府行政行为在劳动力市场的信用。

经过多年改革，职业资格证书在数量上实现了精简，但一些问题仍然存在：一是改革如何从简单的数量变化转变为改革质量和效果的提升，还依然缺乏制度方面的创新；二是职业资格证书制度在政府（中央、地方）、法律、市场、社会几方协同治理的内容、边界和途径还需要通过研究后进一步明确、具体和细化；三是大量原有的职业资格证书削减了，职业资格的评价方式取消后，相应的配套方案和替代性制度建设还需要及时跟进；四是职业资格证书制度体系内部构建还不完善，并未建立监督机制来克服"重许可、轻监管"的痼疾，也未建立行政部门的"责任清单"来为《国家职业资格目录》保驾护航，防止反弹或变相恢复的长效机制并未建立；五是一些具体问题还需要研究解决，如对"挂证"问题如何实现制度性防范，如何增加劳动力市场真正认可

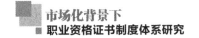
的、含金量高的职业资格证书来真正实现制度本身的价值。

第二节　我国现行职业资格证书制度改革政策及立法沿革

一、我国职业资格证书制度改革相关政策背景

（一）全面推进依法治国与我国职业资格证书制度改革

虽然《行政许可法》已于 2004 年 7 月实施，但是职业资格证书制度的清理规范却始于 2007 年，其标志为国务院办公厅印发《关于清理规范各类职业资格相关活动的通知》（国办发〔2007〕73 号）。起初，清理工作推进非常缓慢，直到 2013 年党的十八大提出"简政放权、转变职能、深化行政体制改革"的要求，清理活动才得以顺利开展。党的十八届三中全会通过的《中共中央关于全面深化改革若干重大问题的决定》指出：必须切实转变政府职能，深化行政体制改革，创新行政管理方式，增强政府公信力和执行力，建设法治政府和服务型政府。进一步简政放权，深化行政审批制度改革，最大限度减少中央政府对微观事务的管理，市场机制能有效调节的经济活动，一律取消审批。直接面向基层、量大面广、由地方管理更方便有效的经济社会事项，一律下放地方和基层管理。显然，《行政许可法》为我国职业资格证书制度改革提供了一定的法律规范依据，但是事实上改革取得进展却是在强力推进"建设法治政府和服务型政府"的背景下才得以实现的。

党的十九大报告为依法治国和依法行政指明了方向，也为正在进行的职业资格证书制度改革提供了政策支撑、明确了改革方向。改革的目标则包含"实现更高质量和更充分就业"和"破除妨碍劳动力、人才社会性流动的体制机制弊端"。换言之，我国职业资格证书制度的建设应朝着构建政府和各方面共同参与的有效协调机制，有利于实现人才流动的高质量的充分就业的方向发展。

（二）我国行政体制改革与职业资格证书制度改革

转变政府职能、健全政府运行机制、创新管理服务方式等都是我国行政体制改革的重要内容，政府在这几个方面的改革也都在职业资格证书制度改革中得到了体现。政府转变职能的几项基本原则中就包含了政事分开和政府、中介

组织的分开，意味着市场要在劳动力资源配置中发挥基础性作用，对于职业资格设置这类社会公共事务的管理要实行由政府主导（引导）下的行业协会等社会组织协同、劳动者参与的运行模式。只有在一些特别的职业市场机制失灵、中介组织自律失效的情况下，政府才应主动干预。现实情况是，我国在过去较长时间内，职业资格证书设置过程中政府介入太多、太深，而资格证书又太杂，有些部门把设置职业资格当成一项能够创收的"事业"来做。

2019 年 3 月，人力资源和社会保障部发布的《关于 2018 年度贯彻落实〈法治政府建设实施纲要（2015—2020 年）〉情况的报告》第一部分"依法全面履行政府职能情况"再次把"完善国家职业资格目录清单管理制度。研究起草《职业资格证书制度改革总体方案》《关于改革完善技能人才评价制度的意见》……"写入了报告。可见，职业资格证书制度改革将继续作为法治政府建设的重要组成部分在未来持续推进。

二、我国职业资格证书制度相关立法状况

（一）《劳动法》相关规定

1995 年颁布的《劳动法》第八章第六十九条规定：国家确定职业分类，对规定的职业制定职业技能标准，实行职业资格证书制度，由经过政府批准的考核鉴定机构负责对劳动者实施职业技能考核鉴定。

（二）《职业教育法》相关规定

1996 年 9 月实施的《职业教育法》第一章第八条明确指出：实施职业教育应当根据实际需要，同国家制定的职业分类和职业等级标准相适应，实行学历文凭、培训证书和职业资格证书制度。

（三）《行政许可法》相关规定

2004 年 7 月实施的《行政许可法》第十二条规定的可以设定行政许可的事项包括：第一项"直接涉及国家安全、公共安全、经济宏观调控、生态环境保护以及直接关系人身健康、生命财产安全等特定活动，需要按照法定条件予以批准的事项"，第三项"提供公众服务并且直接关系公共利益的职业、行业，需要确定具备特殊信誉、特殊条件或者特殊技能等资格、资质的事项"。

《行政许可法》第八条规定：公民、法人或者其他组织依法取得的行政许

可受法律保护,行政机关不得擅自改变已经生效的行政许可。行政许可所依据的法律、法规、规章修改或者废止,或者准予行政许可所依据的客观情况发生重大变化的,为了公共利益的需要,行政机关可以依法变更或者撤回已经生效的行政许可。由此给公民、法人或者其他组织造成财产损失的,行政机关应当依法给予补偿。

《行政许可法》第二十条规定:行政许可的设定机关应当定期对其设定的行政许可进行评价;对已设定的行政许可,认为通过本法第十三条所列方式能够解决的,应当对设定该行政许可的规定及时予以修改或者废止。行政许可的实施机关可以对已设定的行政许可的实施情况及存在的必要性适时进行评价,并将意见报告该行政许可的设定机关。公民、法人或者其他组织可以向行政许可的设定机关和实施机关就行政许可的设定和实施提出意见和建议。该条规定虽然对行政许可进行评价的几类主体做出了规定,但我国没有统一的立法规定,仅有一些地方性法规做出了规定,如《重庆市行政许可评价暂行办法》《大竹县行政许可评价暂行办法》《淮南市行政许可评价管理暂行办法》。[1]

另外,《行政许可法》第六十七条规定:取得直接关系公共利益的特定行业的市场准入行政许可的被许可人,应当按照国家规定的服务标准、资费标准和行政机关依法规定的条件,向用户提供安全、方便、稳定和价格合理的服务,并履行普遍服务的义务;未经作出行政许可决定的行政机关批准,不得擅自停业、歇业。

(四) 其他法律法规相关规定

《促进就业法》第四十八条规定:国家采取措施建立健全劳动预备制度,县级以上地方人民政府对有就业要求的初高中毕业生实行一定期限的职业教育和培训,使其取得相应的职业资格或者掌握一定的职业技能。第五十一条规定:国家对从事涉及公共安全、人身健康、生命财产安全等特殊工种的劳动者,实行职业资格证书制度,具体办法由国务院规定。党的十九大报告明确要求,要逐步为台湾同胞在大陆学习、创业、就业、生活提供与大陆同胞同等的待遇。2018 年 7 月 28 日,国务院印发《关于取消一批行政许可事项的决定》(国发〔2018〕28 号),正式取消台港澳人员在内地就业许可,并要求人力资源和社会保障部出台配套政策措施。

---

① 李诗林. 论行政许可设定范围的合理界定——对《行政许可法》第 13 条的批判性思考 [J]. 行政法学研究,2008 (3):69-73.

三、计划经济背景下公法主导的职业资格证书制度

从立法角度看,《劳动法》《职业教育法》《促进就业法》均有条文对职业资格证书制度做了宣示性的规定,表明了职业资格证书制度的重要性,但缺乏可操作性。《行政许可法》虽然没有条文直接就职业资格证书制度做出规定,但行政许可行为却是我国准入类职业资格(执业资格)确立的法律要件。由此看来,我国的职业资格证书制度的法律渊源主要是公法,且由于制度的建设带有明显的移植色彩,所以相关的法律多是以宣示性的条文出现,法律与法律之间也缺乏必要的联系。

第三节 职业资格证书制度之改革反思

一、行政审批制度改革难以替代职业资格证书制度改革

(一)制度建设发展期

从 1992 年中共十四大确定社会主义市场经济方向后,技术等级考核制度开始向国家职业资格证书制度转移。1993 年国务院在《关于中国教育改革和发展纲要实施意见》中提出"在全社会实行学历和职业资格证书并重的制度",职业资格证书制度概念正式提出。1993 年 11 月,党的十四届三中全会在《关于建立社会主义市场经济体制若干问题的决定》中再次指出"要制定各种职业的资格标准和录用标准,实行学历文凭和职业资格两种证书制度",将建立职业资格制度作为我国劳动人事制度的一项重大改革,而且将其列为建立社会主义市场经济体制的重要措施。1995 年 1 月,人事部发布《职业资格证书制度暂行办法》,对职业资格证书作了详细规定。此后,围绕各种职业资格的设置、培训、考核和颁发证书的各种活动热火朝天,与我国经济一样步入高速发展阶段。职业资格证书制度的确立和发展与我国市场经济发展紧密关联,其建立本身就是推进社会主义市场经济体制改革的一项举措。例如职业资格证书制度参照国际惯例建立,有利于实现国际双边或多边互认,在国际经济交往中维护国家利益,实现双方市场的对等准入。

（二）职业资格证书清理规范期

2017 年，人力资源和社会保障部印发了《进一步减少和规范职业资格许可和认定事项的改革方案》，首先在开篇部分就明确指出了是以"贯彻党的十八大和十八届三中、四中、五中、六中全会精神"作为职业资格许可和认定事项改革的指导思想。其实，我们不难看出启动"清理"工作是中国行政审批制度深化改革的重要组成部分，以我国特有的行政方式开启了自上而下的制度变革。本轮行政审批制度改革的指导思想其实也就是职业资格证书制度改革的指导思想。中国行政体制改革研究会原副会长周文彰说：简政放权是本届政府开门做的第一件事情，李克强总理抓得非常紧，有关部门也密切配合。简政放权主要指的是行政审批制度改革，对原有的审批事项，一部分取消，一部分下放。①

本书以国家已经确立了的改革指导思想研究来分析制度改革的现状和存在的问题。职业资格证书制度改革从"减"起步，改革落实的最后一公里到底如何？《国家职业资格目录》公布的职业资格的数量大幅减少，权利是否真的放下去了？资格证书减少了，政府的监管和服务是否接上来了？有关职业资格的政府服务效率是否通过法律优化程序、固化的流程得到了提高？以行政规制为代表的公法调整体系削减后，以民法为代表的私法调整体系是否应该作为替代制度发挥更大的作用？

二、现行改革方案

（一）改革的总目标

《进一步减少和规范职业资格许可和认定事项的改革方案》（以下简称《方案》）确定的改革总目标是：2017 年初，基本完成集中清理职业资格许可和认定事项工作，公布实施国家职业资格目录清单。在"十三五"时期，构建起科学设置、规范运行、依法监管的国家职业资格框架和管理服务体系。从总目标的内容来看，它将职业资格证书制度改革与国家深化行政管理体制改革捆在了一起。

---

① 任海军. 针对存在问题深化行政审批制度改革——访全国政协委员、中国行政体制改革研究会副会长周文彰 [J]. 紫光阁，2016（7）：55—55.

（二）基本原则

《方案》重申了继续坚持经国务院同意的减少和规范职业资格许可和认定事项的"四个取消"原则。第一条和第二条原则规定：取消国务院部门设置的没有法律、法规或国务院决定作为依据的准入类职业资格；国务院部门设置实施的有法律法规依据，但与国家安全、公共安全、公民人身财产安全关系并不密切，或不宜采取职业资格方式进行管理的准入类职业资格，按程序提请修订有关法律法规后予以取消。从公布的《国家职业资格目录》可以看出对于没有法律、法规或国务院决定作为依据的准入类职业资格已经清理完毕；决定取消的 434 项职业资格许可和认定事项中只有 5 项涉及修法，其中《会计法》已于2017 年 11 月完成修订。[①] 第三条和第四条原则的内容是：取消国务院部门和全国性行业协会、学会自行设置的水平评价类职业资格，取消地方各级人民政府及有关部门自行设置的职业资格。两条原则分别规定取消国务院部门、行业协会和地方各级政府自行设定职业资格的权力，仔细研究发现，看似相似的规定其实预留了"经批准"可以设立的管道。取消"自行"设置，一是再次明确地方各级人民政府不具有设置职业资格的权力，二是隐含如果不是"自行"而是经过授权或批准的地方政府可能具有设置职业资格的权力。

特别需要注意的是，《行政许可法》第十二条的内容是"可以设定行政许可"事项，而"水平评价类"职业资格其实并非行政许可，《方案》第三条原则规定禁止国务院部门和行业协会设置"水平评价类"职业资格，可以视为在《行政许可法》外增加了行政部门的管控。换言之，也许是"水平评价类"职业资格在实践中被一些国务院部门和行业协会变向作为一种"准"准入类职业资格使用，而又规避了《行政许可法》的规制，所以在《方案》的原则中才做出了针对性的规定。

（三）主要改革任务

《方案》中列举了六项改革任务：①进一步加大减少、取消职业资格许可和认定事项工作力度；②实施国家职业资格目录清单管理；③全面清理名目繁多的各种行业准入证、上岗证等；④强化对职业资格设置实施的监管服务；⑤完善技能人才职业技能等级认定政策，并做好与职业资格的衔接；⑥加强国家职业资格法治建设。这六项改革任务应该是对改革总目标的分解落实，但是

————————————
① 《国家职业资格目录》（2019 版）中减少了准入类"会计从业资格"一项。

通过分析可以发现，目前的主要改革任务还没有完全对应和保障改革总目标的实现，主要表现在以下几个方面：一是①项的"减少"、③项的"清理"再加上②项的"目录清单"并不直接等于得出"科学设置"的结果，通过什么样的体制机制来实现"科学设置"还需要有可操作的创新办法；二是④项的监管服务并未完全涵盖"规范运行"的内容，何为"规范运行"首先需要制定科学的运行程序，使得"规范运行"有章可循，而不是一个抽象模糊的概念，有了依据，监督服务再作为后续环节及时跟进；三是⑥项提出了加强职业资格法治建设，这是依法监管的基础和必要条件，从本书在上一节介绍的我国职业资格证书制度相关立法状况来看这项工作还任重道远。

三、我国职业资格证书制度的体系性问题

（一）制度改革缺乏法学理论研究支撑

我国职业资格证书制度改革始于 2007 年，清理工作取得实质性进展却是始于 2013 年自上而下的政府"简政放权"。职业资格证书制度改革仅仅是一场纯粹的政府部门的行政治理，还是应在相关的法学理论支撑下落实依法治国宏伟目标的系统改造？有的学者指出：职业资格证的治理是法治范畴的问题，只有从法治的角度对职业资格证的治理进行判断，并将它纳入法治系统之中，问题才能够得到彻底解决。[①] 在 2017 年人力资源和社会保障部公布的《进一步减少和规范职业资格许可和认定事项的改革方案》中，虽然提及"推动职业资格设置管理相关立法工作，明确职业资格法律地位、管理体制、职责分工、设置方式和监管服务等基本制度"，但是未就职业资格的法律理论基础做出解释，也未就"减少和规范职业资格许可和认证"从法学理论范畴加以说明。

（二）制度改革评价体系缺失

我国现阶段职业资格证书制度选择或确立的核心价值是什么？对应职业资格证书制度的核心价值，我们的制度改革效果的评价指标包含哪些？这些重要因素都是亟待研究的内容，"取消"或"减少"不是改革的同义语，更不能简单地作为改革的目标。行政审批制度改革和职业资格证书制度改革紧密关联，但是职业资格证书制度改革除了有与行政审批制度改革共性化的部分，还应具

---

① 张淑芳. 职业资格证治理法治化研究［J］. 东方法学，2017（5）：11-20.

有自身的一些特点，我们需要根据《方案》确立的总目标完善、细化改革任务和工作措施，尽快制定我国职业资格证书制度的科学评价体系。

（三）改革替代性制度建设和配套监督机制尚未确立

《行政许可法》第十二条规定："通过下列方式能够予以规范的，可以不设行政许可：……（四）行政机关采用事后监督等其他行政管理方式能够解决的。"在削减职业资格认证后，面对劳动者"宽进"带来的某些职业从业人员的增加，保障劳动者群体的职业素质的替代性制度建设有待加强。改革减去的是多余的、不当的限制，并非减去行政部门肩上的责任，要做到两个防止：一是要防止因职业资格证的取消来回避监管责任，防止部门与部门之间的推诿和扯皮；二是要防止用"有限政府"来推卸政府原来由于职业资格取消后带来的管理责任，尤其要注意关乎公共利益领域的监管和服务。

（四）职业资格证书制度相关法律地位低下

《方案》已经明确将"推动职业资格设置管理相关立法工作，明确职业资格法律地位、管理体制、职责分工、设置方式和监管服务等基本制度"作为职业资格证书制度的改革目标，但是，目前关于职业资格证书制度的法规仍散见于《劳动法》《职业教育法》《行政许可法》等法律，原人事部印发的《职业资格证书制度暂行办法》无论是效率层级还是规定内容都无法实现《方案》确定的立法工作目标，有必要在《职业资格证书制度暂行办法》的基础上，结合近10年来的改革经验，以国务院的名义制定《职业资格证书管理办法》，甚至上升法律层级，通过立法程序制定《职业资格法》。

第二章 职业资格证书制度之权利构架

第一节 职业资格证书制度与职业资格身份权

一、我国与国外职业资格的概念比较辨析

（一）从业资格与执业资格

将职业资格分为从业资格与执业资格，是我国的特有分类做法，这与我国职业资格证书制度早期的建设发展历程不无关系。在英语范畴并没有从业资格与执业资格区分的表述方式，其职业资格也即执业资格，有专门的词汇"occupational licensing"，职业资格证也可译为 occupational licensing credential，有行政许可的意思（a governmental body's process of issuing a license）。从业资格的内涵并非取得了行政许可，也并不是一种"资格"，而是一种技术和能力的起点标准。单从相关正式文件的表述来看，"能力的起点标准"其实又有门槛和基本条件的意思，所以说从业资格作为我国特有的一种概念，其解释本身就有些难以自圆其说。除了 occupational licensing 之外，英文中普遍以 certifications 作为证书使用，既然是证书其实也就无所谓"资格"二字。1994 年 2 月劳动部、人事部联合下发了《关于颁发〈职业资格证书规定〉的通知》。该规定第六条指出：劳动部负责以技能为主的职业资格鉴定和证书的核发与管理，人事部负责专业技术人员的职业资格评价和证书的核发与管理。该规定第二条明确指出：职业资格是对从事某一职业所必备的知识、技术和能力的基本要求，职业资格包括从业资格和执业资格。做出这样的分类主要是当时两个并列的部门之间的分工和工作范围所致。在此分类基础上，1995年 1 月人事部印发了《职业资格证书制度暂行办法》，指出从业资格是指从事

某一专业（工种）学识、技术和能力的起点标准，执业资格是政府对某些责任重大、社会通用性强、关系公共利益的专业（工种）实行，是依法开业或从事某一特定专业（工种）学识、技术和能力的必备标准。从该办法第二条"国家按照有利于经济发展、社会公认、国际可比、事关公共利益的原则，在涉及国家、人民生命财产安全的专业技术工作领域，实行专业技术人员职业资格制度"与第三条"执业资格是政府对某些责任较大，社会通用性强，关系公共利益的专业技术工作实行的准入控制，是专业技术人员依法独立开业或独立从事某种专业技术工作学识、技术和能力的必备标准"的内容来看，职业资格的范围与执业资格的范围是一种逻辑上的隶属关系，前者"涉及国家、人民生命财产安全"，后者"关系公共利益"。采用逻辑推理的办法，从业资格的范围应该就是指涉及国家、人民生命财产安全，但是不关乎公共利益的部分，"公共利益"成了区分从业资格和执业资格的分界线。

《职业资格证书制度暂行办法》将从业资格界定为从事相关工作的起点标准。这种模糊的界定方式在某种程度上也造成了从业资格被很多部门和社会组织作为准"准入控制"与执业资格混用。在设定和使用时采用双重标准，设定时因其为带有指导性质的"起点标准"，故不需要有立法作为依据；而在使用时，相关部门却将其作为进入某些行业的基本条件或门槛，借此设立考试、举办培训、颁发证书谋取经济利益。相反，某些责任重大、社会通用性强、关系公共利益的"依法执业"的准入类执业资格，在现实使用中却难见"执业"二字，如教师资格、注册消防工程师、法律职业资格。在经过几年的清理整顿后，2017年公布的《国家职业资格目录》已不再使用从业资格和执业资格的分类，而是将职业资格分为准入类和水平评价类。

（二）水平评价类职业资格与准入类职业资格

水平评价类职业资格与准入类职业资格，从字面理解其分类标准较为容易，前者强调对能力的一种评价，后者强调进入行业的强制性准入条件。2017年公布的《国家职业资格目录》就是按照这种分类标准对职业资格进行的分类。这种分类让普通公众更易于理解，但是从目录中的职业资格名称来看仍然是五花八门：准入类职业资格如教师资格、注册消防工程师、法律职业资格、监理工程师、护士执业资格，有的是××资格，有的是注册××，有的是××工程师，有的是××职业资格，有的是××执业资格；评价类职业资格命名方式则更为复杂，如专业技术人员类的包含工程咨询（投资）专业技术人员职业资格、计算机技术与软件专业技术资格、资产评估师、环境影响评价工程师，采用××技术人员资格、××技术资格、××评估师、××工程师等的命名方式，技能人员职业资格的评价类资格则多采用类似"通用工程机械操作人员"的××人员的方式。目录中各种资格名称依然非常杂乱，缺乏相对统一的规范性命名方式。但从分类来说，一种是"评价"，一种是"准入"，比起"从业"与"执业"更为科学。

（三）行政许可类职业资格与非行政许可类职业资格

行政许可类职业资格与非行政许可类职业资格的分类方式出现在 2007 年国务院办公厅下发的《国务院办公厅关于清理规范各类职业资格相关活动的通知》中。通知指出非行政许可类职业资格是"对社会通用性强、专业性强、技能要求高的职业（工种），根据经济社会发展需要，由国务院人事、劳动保障部门会同国务院有关主管部门制定职业标准，建立能力水平评价制度"，行政许可类职业资格是"对涉及公共安全、人身健康、人民生命财产安全等特定职业（工种），国家依据有关法律、行政法规或国务院决定设置"。从定义的内容来理解，其实行政许可类职业资格与非行政许可类职业资格分类划分的范围与边界上的两种分类——从业资格与执业资格、水平评价类职业资格与准入类职业资格是完全相同的，只是划分的标准和依据不同。行政许可类职业资格与非行政许可类职业资格的划分标准是职业资格是否因行政许可而设立。因为这一种划分的视角和切入点不为普通大众或劳动者知晓，采用的标准术语相对专业，所以并未被广泛使用和为普通大众了解。

（四）缺乏规范的职业资格分类

我国职业资格在不同时期、不同的规范性文件中，按照不同的标准做出不同的分类是客观原因形成的，容易造成普通公众的混淆和使用标准的不统一。这显然不利于证书作为"执业质量"的外观标识的形成，也不利于公众将其作为一种附着于从业人员的技术能力和服务水平的"标签"，更不利于职业资格证书制度在公众中信用的建立。另外，无论是从业资格还是《国家职业资格目录》中的水平评价类资格，其概念本身存在矛盾，本书第一章就提出了"资格"一词的条件、身份属性的界定，有明显的必备条件和身份限制的意味。借鉴国外对"职业资格"分类更为明晰的实践，笔者认为我国的职业资格也应限定为准入类职业资格即执业资格的范围，既然是职业"资格"，则应体现其"能力的必备标准"和强制性的准入条件，其他的职业证书应逐步规范名称，水平评价类证书不属于职业资格证书，应为与职业资格证书并列的另外一类证书。如此，才能建立起职业资格证书（执业资格证书，occupational credential）、水平评价类证书（certificate）、继续教育培训证书（professional education certificate）、学历证书（diploma）的劳动者证书体系。

二、各界对职业资格身份权的认识

（一）身份权扩张之辩

在现代汉语中，身份通常是指"人的出身、地位和资格"或"人在社会上或法律上的地位"。从古至今，人们对身份权的认识和理解都不尽一致。目前我国主流的观点有两种，支持身份权扩张的观点认为身份应伴随社会的发展，其外延不宜作出一种封闭式的界定。例如梁慧星认为身份权是存在于一定身份上的权利，不仅包括亲属权，还包括荣誉权等其他身份权利。[①] 也有学者认为身份权是指民事主体基于特定的身份关系产生并由其专属享有，如杨立新认为身份权的外延包含配偶权、亲权、亲属权、监护权、荣誉权、著作人身权等。[②] 杨遂全认为，身份权是以某种称谓为标志，确定和标明当事人在广泛的社会关系中所具有的某种比较固定的特殊身份资格和法律地位的权利，不具有这种本质内涵的权利就不是身份权。现代意义上的身份权是一种平等当事人之间的关系，已不再是支配服从关系。与人格权的对世权不同，身份权通常既具有在特定人之间的相对权的权能，又具有对不特定人的绝对权的权能。[③] 他还指出身份权本质上是法律用以确认当事人之间某种特有的身份关系标志的方式，确定和表明当事人在广泛的社会关系中具有某种特殊的人身法律关系和法律地位的权利。[④] 吴汉东则认为民法上的身份指主体根据民法规定所具有的特定地位，身份权则是基于人的身份所产生的一种权利。身份权包含荣誉权、亲权以及知识产权中的身份权等。[⑤] 反对身份扩张的学者们主要是坚持民法和身份法的传统理论，对于"身份"持保守观念，从而反对身份的扩张。如王利明认为身份权主要存在于亲属的身份关系之上，故亦称亲属权。[⑥] 张俊浩认为身

---

① 梁慧星. 中国民法经济法诸问题 [M]. 北京：法律出版社，1991.

② 杨立新. 人身权法论 [M]. 北京：中国检察出版社，1996.

③ 杨遂全. 婚姻家庭亲属法学 [M]. 北京：清华大学出版社，2011.

④ 杨遂全. 现行婚姻法的不足与民法典立法对策 [J]. 法学研究，2003 (2)：62-81.

⑤ 吴汉东. 法学通论 [M]. 北京：北京大学出版社，2006.

⑥ 王利明. 人格权法新论 [M]. 长春：吉林人民出版社，1994.

份权是基于身份而产生的伦理性并且与财产有关的权利，身份权包括亲属权、亲权和配偶权。① 学者们反对将身份权的范围做发展性的解释的主要依据和理由大概有三个方面：

（1）一种观点认为身份"扩张"无法与既有理论和制度相协调。持该观点的学者认为，如果承认新型的身份权，将与已经长时间存在的既有的传统的亲属身份权制度及理论相冲突。因为无论是从社会法学者的视角，还是从传统民法学视角来审视和考量是否应该承认"新型"的身份权，都必须承认的一个前提就是亲属身份现阶段依然是民法中非常重要的身份。一旦新型身份纳入社会法或者民法时，必须要面对如何解决新型身份在理论上和制度上与亲属身份的协调。因为在一个法律体系中，要么只有一种身份，要么不同质的身份要有可以协调的机制。直至今日，我们的确还没有建立或者发现可以把这类新型身份与传统的亲属身份协调容纳到一起的概念和理论解释的制度体系。徐国栋教授是国内从事人身关系法学研究较早的学者，他秉持了相对开放的观点，发表了关于身份权研究的诸多著述。徐教授指出，民法学界和相邻学科谈到了四种身份关系：传统的亲属关系、知识产权中的身份关系、以消费者身份为代表的亲属法外的身份关系、失权者的身份关系。② 但是他依然没有对身份权给予更多的理论解释。在他的文章中我们仍然没有见到解决问题的答案，例如如何协调具有伦理性质的亲属身份与经济竞争中的强弱身份关系等。

（2）另外一种观点认为将身份权"扩张"会导致与传统的民法调整方式的冲突。因为新型身份关系的法律调整，有别于传统民法对平等主体的调整，势必体现国家更多的介入，这与民法既有的调整方式无法形成统一和谐的体系。2003年12月15日公布的《德国民法典》第13条、第14条规定了有关消费者和经营者的内容。还把大部分的消费者保护单行法放进了民法债编。显然德国民法跨出这一步得到的并不都是赞赏意见，一部分学者认为这样的改变打破了德国民法典以往的内部和谐性。③

（3）强弱身份的界定标准模糊。有的学者认为"强"与"弱"本来就是一对相对的概念，而且区分强弱的标准和因素也没有办法把握，这样的模糊和不确定造成了区分边界难以明确。从历史考证的角度来看，从罗马法到现代法的

---

① 张俊浩. 民法学原理 [M]. 北京：中国政法大学出版社，1997.
② 徐国栋. 再论人身关系——兼评民法典总则编条文建议稿第3条 [J]. 中国法学，2002（4）：3–12.
③ 张礼洪，高富平. 民法法典化、解法典化和反法典化 [M]. 北京：中国政法大学出版社，2008.

进步与发展，身份从来不是单一按照各方的经济强弱来划分的。因此认为该标准划分违背了民法的历史传统。

无论学者们是否赞同身份的扩张，民事主体通过自由意志所缔结、选择和维系的法律身份都长期、稳定、现实地存在。它有时以个体的形式存在，有时又通过归属于一类群体来彰显共同的价值、规范和目标。身份的差异决定了权利的差异，这早已不是古代法中的身份特权，而是在现代民法人格平等基础上基于自由意志和现代民法自由、平等的私法精神而确立的一种私法身份。

（二）职业资格身份权的界定

笔者认为，职业资格身份权可视为身份权的具体的支身份权。它是劳动者具备一定专业能力和水平并从事某一行业的标志，并因此具备特殊的身份资格和法律地位的权利。它是构建职业资格证书制度的重要组成部分，该权利既可以通过行政许可的方式取得，也可以由劳动者与行业组织之间基于平等的法律地位通过缔结契约的方式取得。本书第一章在研究职业资格时即已经发现职业资格带有浓郁的身份属性，学者们和立法者之所以犹豫不决，主要原因是担心传统的"身份支配""身份的特权"死灰复燃，无法与既有理论和制度相协调。

在我国现有的职业资格证书制度体系中，劳动者通过相应的行政许可程序，一旦获得特有的职业资格，既应享有专属于其人身的精神性权益，还应享有非人身的财产利益。《行政许可法》第二条规定："本法所称行政许可，是指行政机关根据公民、法人或者其他组织的申请，经依法审查，准予其从事特定活动的行为。"该条揭示了行政相对人（劳动者）可以通过考试（申请），经过相应部门审查，最后取得从事特定行业活动的行政许可事实的基本过程。其标志是获得政府授予的职业资格证书，同时取得自由从事特定职业的职业资格身份权。为什么是职业资格身份权呢？一是取得了职业资格，即获得从事该特定职业的身份（其他未获得该资格者不得从事）；二是该权利带有明确的身份属性，权利与身份附着在一起，不得转让。

从其他发达国家的职业资格证书制度的实践来看，获取职业资格身份并非主要通过行政许可的方式来实现，因为成熟劳动力市场的行业自治体系和大量的"民间"职业资格才是这些国家职业资格证书制度构成的主体部分。通过行业自治方式取得的职业资格身份权，意味着政府、行业组织和劳动者个体之间平等的身份关系和合作共赢的治理模式。在这样的模式下，职业资格身份权更体现出自愿性、责任性、公开性、透明性和平等性等特点：劳动者基于自愿去获取职业资格，加入行业组织；劳动者获取的职业资格身份权具有双重属性，既是权利也是责任；劳动者需要主动地公开与执业相关的必要信息；劳动者与行业组织之间的关系具有平等民事关系的属性。

（三）职业资格身份权的主客体及权利设定

职业资格身份权的主体原则上为自然人。这是因为职业资格身份权是基于通过认证、考核而取得，主要是源于从事特定职业为了保障公共利益和提高劳动力市场交易效率的需要，往往涉及劳动者或潜在劳动者执业过程中或者执业前后与其获得的资格身份相关的利益。

就目前我国的实践而言，准入类职业资格身份权的设定是由国家相关职业的实施部门以法律、法规或国务院决定作为依据，通过考核和认证授予申请人职业资格证书，该职业资格身份权自证书核准发放之日起设立；依据《国家职业资格目录》，所涉职业（工种）应具有较强的专业性和社会通用性，技术技能要求较高，行业管理和人才队伍建设确实需要的职业，国家相关职业实施行政部门或经批准授权的协会、鉴定机构，可以根据考核和认证授予申请人水平评价类职业资格证书，同样该职业资格身份权自证书核准发放之日起设立。

目前，《进一步减少和规范职业资格许可和认定事项的改革方案》（人社部发〔2017〕2号）取消了国务院部门和全国性行业协会、学会自行设置的水平评价类职业资格，取消了地方各级人民政府及有关部门自行设置的职业资格。因此，现阶段从政策层面来讲，我国的行业协会是不允许设定职业资格身份权的，同时相应的法律也并没有为行业协会设定职业资格身份权提供依据。但从发达国家的实践来看，当行业协会足够成熟、劳动力规制的市场化水平发展到一定阶段后，要实现劳动力规制真正的市场化，通过行业协会自治，由协会在某些职业设定职业资格身份权应该是我国劳动力市场化规制的未来发展方向。

（四）职业资格身份权的权利义务

职业资格身份权的权利义务内容，既要考虑到权利人为满足其个人发展和执业的需要，又要考虑到大多数职业资格身份权是在劳动关系的基础上形成的特征，以此平衡职业资格身份权人、用人单位（企业）和执业服务对象的权利义务结构。

1. 职业资格身份权的权利

（1）职业报酬权等。

劳动者或潜在劳动者通过一定程序取得职业资格身份权后，也就具有利用这样的身份权利与用人单位（企业）缔结与其特定职业资格相关的劳动契约。其在劳动过程中的权利包括以相关的职业资格身份从事劳动，同时享有与该身份相关的休息权、休假权、安全权、享受劳动成果的权利、工资权、福利权等。

（2）职业补偿性权利。

有的职业本身具有高风险，容易出现伤亡或者从业者易患职业病，国家针对这样特殊的职业往往会有特别的伤亡补助、职业病补偿。如警察在执行其职务行为时发生伤亡，国家都会有特别的、针对这项职业的补助政策或者抚恤的规定。我国《民法典》已将职业纳入侵权人民事责任的参考因素。①

（3）职业尊严权。

职业尊严权，是职业资格身份权的重要精神性权利，在今天，其重要性甚至超过了权利人的物质性权利。随着社会进步，劳动早已成为人的主观性需要和客观性满足的介质，个人的"主观需要"和"客观需要"在物质高度丰富的今天通过劳动同时得到满足，享有职业资格身份权本身就会给权利人带来一定的"荣耀"，劳动的过程就隐含着人的存在和实现方式。通过执业行为，劳动者不仅收获了劳动报酬，而且获得精神上的需要。这样的精神上的满足在现实的执业过程中演化为具体的权利形态即职业资格尊严权，它揭示了人通过学习和努力而取得了职业资格后是否获得自由以及多大程度的自由。职业尊严权是指职业资格权利人在职业资格劳动关系和劳动服务关系建立及存续过程中，应当享有公平、安全的工作环境，人格尊严不受侵犯以及实现自我发展的权利。职业尊严权包括具体职业的就业权、职业保护权、职业发展权。职业尊严权涉及价值判断，是不断丰富和发展的权利，具有极大的弹性和张力，随着人和社会的发展而呈现出新的具体的权利样态。正是职业尊严权所展现和蕴含的综合性、基础性和发展性，使它成为关乎职业资格身份权权利人发展的权利，具有促进权利人全面发展的价值。

（4）专属身份执业的权利。

具有相关的职业资格身份后，这个具体的主体就具有要求职业资格身份所属的行业协会或行业团体提供与职业资格身份相关的劳动市场信息或者就业培训的权利，当然也只有具有职业资格身份的主体，才能缔结带有职业资格身份

---

① 《民法典》第九百九十八条指出，认定行为人承担侵害除生命权、身体权和健康权外的人格权的民事责任，应当考虑行为人和受害人的职业、影响范围、过错程度，以及行为的目的、方式、后果等因素。

性质的劳动合同。例如只有具有律师职业资格的身份，才可以与律师事务所缔结执业律师聘用合同；具有执业医师资格身份才可以与医院签订医生聘用合同。不具有这样的职业资格身份是没有权利签订这样的特殊身份的劳动合同的。

（5）发展职业能力的权利和义务。

发展职业能力对于职业资格身份权权利人而言，既是权利也是义务。享受继续接受职业教育权，对于职业资格身份权是一项非常重要的权利内容，同时也是一项义务。如我国不论是医师行业协会还是律师行业协会，都规定了每一位享有职业资格身份权利的会员，在享有接受职业培训权利的同时，也有义务参加职业培训。参加这样的培训是每一位执业人员保有这样的职业资格身份权的条件，如果不完成参加培训的义务，可能会无法注册，最终失去职业资格身份。

2. 职业资格身份权的责任和义务

在我国的职业资格身份制度中，拥有任何一种职业资格身份者，特别是准入类职业资格身份者往往都负有相应的责任。职业资格身份责任与职业资格控制权相对应，承担责任与拥有控制权通常表现为对应关系。如医患关系中，医生对于患者具有救死扶伤的职业资格身份责任。当然，每一种具体职业资格身份的责任范围常常受当时所处的社会经济、文化、道德、宗教的影响，最终通过法律制度的规定来实现，某种职业资格身份责任设置是否合理的判断标准是职业资格身份在当时社会条件下是否被社会、被劳动力市场需要和认可。

无论是准入类职业资格权利人，还是水平类职业资格权利人都应履行职业资格义务。具备相应职业较高的技术技能水平，权利人基于其具有职业资格身份的事实必须主动地为或不为某种行为，以满足职业资格身份关系相对人的正当需求。在职业资格证书制度安排中，不同主体之间负有不同的义务，这种义务不同于消费关系的强弱之分，职业资格身份关系的各方可能相互负有义务。职业资格身份义务是某一设定资格的职业相对固化的利益提供方式，职业资格身份义务大多是基于法定义务和职业管理需要，由双方当事人达成的书面或口头的契约。职业资格身份关系是一种交错的身份关系，既包含职业身份体（行业内部）的关系，也包含执业劳动者与服务对象的关系，还包含执业者与用人单位（企业）的关系，身份体内部的关系以及执业劳动者与用人企业（单位）之间是一种长期的、相对稳定的联系，而执业劳动者与服务对象的关系相对变化更多。身份体内部关系和职业资格身份权人与雇主之间的权利义务关系相对复杂，当事人的义务往往因一些具体的情势变更而发生变化；相对而言，职业资格权利人与服务对象的特定身份关系可以通过契约来预设不同的义务。带有强制性规制的法律规范往往对于职业资格身份义务的规定，都是针对一些社会性基准的内容做出明确规定，而规定的模式通常采用列举性模式。这种模式的优点是义务内容清晰明确，但其缺点也是显而易见的，即无法穷尽具体义务。例如，律师对于当事人的义务有信息保密义务等，但是这样的规定显然是无法穷尽律师作为职业资格权拥有者所有与职业资格身份相关的义务的。

（五）职业资格证书制度对职业资格身份权的意义

职业资格证书制度对于职业资格身份权的保障和实现具有重要的意义：第一，职业资格证书制度为职业资格身份权提供了制度性保障。它可以防范权利被"立法者"和行政机关任意侵犯，譬如身份权一旦依法取得不得随意收回。它还可以防范身份权被其他普通个体侵犯，譬如冒充自己行使职业资格身份权。第二，职业资格证书制度可以明确和细化权利内容，例如取得报酬的权利、接受教育培训的权利、加入行业协会的权利等。第三，形成合理的职业资格身份权益定价机制。不同于普通劳动力定价，职业资格身份权益定价具有自身的特点：一是基于产权理论，职业资格证书可视为取得对应身份权益的权利凭证；二是基于教育经济理论，因为教育对财富具有创造效用，职业资格身份权益价值核算应重视教育价值评估。

（六）职业资格身份权的人权和财产权二元属性

职业资格身份权与传统人格权既有相似之处也存在差异，即权利同时具有人权和财产权的二元属性，但是其财产权部分又与人格权的商品化之间有着本质的差异。首先，职业资格身份权与普通人格权在"人权"上的区别体现为人格权的该部分权利既不能抛弃也不能转让，但是职业资格权是可以通过抛弃职业资格而抛弃的。其次，人格权的商品化权可以通过转让一部分权益来实现权利的商品化收益，职业资格身份权并不能转让，但其因法律的规定而具有了一种垄断性和排他性。虽然不同于完整物权，但是它具有了部分财产权的特征，权利人通过支配和使用这种垄断资格，可以获得财产性收入。

在市场经济条件下，职业资格证书制度实施效果关系到国家的经济发展、人才的有序流动、社会的繁荣与和谐；而在劳动力主要通过市场进行配置的背景下，职业资格身份权的合理设定使用及其保护又事关劳动力资源的储备、质量提升以及合理有序的流通。这就决定了从民法等私法理论出发研究职业资格身份权属性当是应有之义；而结合行政法、人权、经济、管理以及政策方面，综合考察职业资格身份权功能亦非常必要。这有助于在相关学科和应用层面揭示职业资格身份权的基本蕴义，使得其研究中的导向及方法更具开放性。

对职业资格身份作出私权性质的二元属性界定的意义在于推动职业资格证书制度向着市场化的方向健康发展。职业资格证书制度的宗旨在于推动劳动力资源的有序流动，同时要保护通过一定程序取得职业资格的人员的合法权益，促进劳动者主动提升工作质量和工作能力，树立职业资格证书在劳动力市场的良好信用。因此，有的学者认为职业资格是政府在过去数年间所创造的主要财产之一。将职业资格纳入财产范围，更新财产权观念，并进一步承认其他公法所创设的权利（如各类行政许可）是未来法律改革的大势所趋。[①] 笔者虽不同意职业资格必须由公法创设，但是职业资格的价值确实无可否认。

三、身份权的具体化与职业资格身份权

（一）身份权利设定的相对法定原则

从之前《民法通则》关于人身权的规定来看，我国采用了具体式和概括式相结合的立法模式。它在一定程度上给了法官自由裁量权。在"齐玉苓诉陈晓琪等以侵犯姓名权的手段侵犯宪法保护的公民受教育的基本权利纠纷案"中，最高人民法院认为：当事人齐玉苓主张的受教育权，来源于我国宪法第四十六条第一款的规定。根据案件事实，陈晓琪等以侵犯姓名权的手段，侵犯了齐玉苓依据宪法规定所享有的受教育的基本权利，并造成了具体的损害后果，应承担相应的民事责任。本案最终以最高院司法解释的方式解决了存在着适用法律方面的疑难问题。其实，此案件实则为一件侵犯身份权的普通案件，仅仅是因为立法没有明确具体的身份权规定而带来了困惑。从我国司法机关法官的现状来看，具体式的身份权立法模式显出更多的合理性。因此，在身份权立法的模式上，如果立法能够形成具体的身份权规则，则当然适用这样的规则，形成具体身份权而不是概括身份权。倘若在概括式身份权立法模式下，所有身份权的法律适用，在个案中基本上都需要法官作特定的利益权衡，需要法官深厚的法律理论功底和在判决中充分地说理论证。而对中国的司法实践来说，现实和我们的期待还相去甚远。综上所述，笔者认为我国还是应当采取具体身份权相对

---

① 刘征峰. 职业资格是财产吗——以实证分析为视角 [J]. 湘潮，2014 (6)：50—51.

法定主义的立法模式，以实现身份权领域法律的可预见性。

（二）职业资格身份权之适当限制原则

从某种角度来说，身份其实是一种社会资本，社会成员因身份的差别拥有不一样的社会资源，进而影响自身利益的实现。由此来看，在对新型身份权利进行法律调整的时候一定要对其本身的范围进行有效的限制，使得纳入法律调整的新型身份成为一种"有限身份"。扩张后的新型身份（职业资格身份）发挥功能的范围与"身份型社会"相比是非常小的，把职业资格身份纳入法律调整范围并不是像"身份型社会"那样使身份涵盖所有社会关系范围，而是如职业资格身份一样只在受到限制的特定领域内发挥作用，不会影响劳动法其他法律主体劳动权利的支配地位。

此外，职业资格身份的法律调整的作用程度也是有限的。它所进行的法律调整的范围仅限于因公共利益必须设定的职业资格身份，以及以该身份履行的具有明确范围的执业行为和活动。不能夸大职业资格身份的作用和程度，使它变成身份特权；也不能随意地设置职业资格身份，扩大其设置的范围。

第二节　职业资格证书制度与职业自由权

一、职业自由与职业自由权

（一）职业自由

狭义的职业自由是指公民有权根据自己的意愿自由地选择从事何种职业、不从事何种职业，同时可以排除他人非法干涉。广义的职业自由还应包括自由决定何时从事一定的职业、何时不再从事某些职业，也包括自由决定改变自己从事的职业。职业自由的核心就是自主决定并排除他人非法干涉的自由，也即自主支配自己选择职业的行为。

但是，职业自由正如个人权利一样，是一种相对性的自由。从根源来讲职业本来就是一种社会化的产物，讨论职业自由离不开其所处的社会环境。洛克曾经说自由不是各人乐意怎么做就怎么做，高兴怎么样生活就怎么样生活，而不受法律束缚的自由。① 同时，职业自由也是有限制的自由。一定的职业总是具有一定社会功能的，国家为了实现社会治理往往要对一部分职业实施限制。

（二）职业自由权

劳动权作为比职业自由权更高位阶的权利，学界对其有不同观点。有学者认为劳动权属于宪法权利；有学者认为属于劳动法特有的经济权利②；有学者认为属于民事权利③；有学者认为属于社会权；也有学者认为其基本权利的性质呈现出一种综合化，每一项基本权利所对应的国家义务也表现出一种复合化特征。④ 但是从世界各国的立法来考察，多数国家已经将劳动权写入宪法。劳动权的属性其实并非本书的研究重点，介绍关于劳动权属性的不同观点，只是为了引出对职业自由权属性的探讨。

目前，职业自由作为劳动权的重要内容在各国立法实践中并未形成统一。职业自由权在我国宪法中并无规定，但在劳动法中有明确的规定。我国《劳动法》第三条规定："劳动者享有平等就业和选择职业的权利、取得劳动报酬的权利、休息休假的权利、获得劳动安全卫生保护的权利、接受职业技能培训的权利、享受社会保险和福利的权利、提请劳动争议处理的权利以及法律规定的其他劳动权利。"职业自由权可以说是构筑劳动权的基石。职业自由权作为公民的一项重要权利，既具有维持生计的功能，又包含充实生活内涵及自由发展人格的功能。关于职业自由权的性质，虽然在我国宪法中并没有对其做出明确的规定，但是一些学者却将职业自由权视为与劳动权等同的宪法性基本权利。有的学者指出它等同于劳动权的宪法性权利，指出职业自由是在宪法上的权利主体所应享有的由国家保障的选择、执行、放弃职业之自由。⑤ 也有学者建议劳动法明确的公民享有选择职业的自由权利，宪法也有必要做出确认。⑥ 由此看来，劳动自由虽然与普罗大众息息相关，但是界定何为劳动自由权属性却并非易事。

---

① ［英］洛克. 政府论（下篇）［M］. 叶启芳，瞿菊农，译. 北京：商务印书馆，1964.
② 叶静漪，魏倩. 《经济、社会和文化权利国际公约》与劳动权的保护［J］. 北京大学学报，2004（2）：93-94.
③ 扈春海，郑尚元. 公司社会责任与劳动权保障［M］// 林嘉. 劳动法评论（第一卷）. 北京：中国人民大学出版社，2005.
④ 张翔. 基本权利的规范建构［M］. 北京：高等教育出版社，2008.
⑤ 高景芳. 职业自由论——一个宪法学的视角［M］. 北京：法律出版社，2012.
⑥ 张学慧，谭红，游文丽. 论选择职业自由［J］. 同济大学学报（社会科学版），2008（6）：116-124.

笔者认为，既然对于劳动权的属性在学界尚存在不同的观点，要从纯粹理论的角度凭借三言两语就对职业自由权的属性进行界定难免存在主观臆断的可能性。本书对职业自由权关注的重点应是其在实践中构建职业资格制度所扮演的作用。换言之，无论职业自由权是不是宪法性基本权利，但毋庸置疑，它是体现公民个人自由的重要权利。关注对重要权利做出限制的正当性和合理性程度，关注程序制度的设计和职业自由权利的维护仍很有必要。

二、对职业自由权设限的条件

（一）对职业自由权设限的正当性理由

我国《行政许可法》第十二条第三款规定"提供公众服务并且直接关系公共利益的职业、行业，需要确定具备特殊信誉、特殊条件或者特殊技能等资格、资质的事项"可以设置行政许可。从该条文的规定可以看出我国职业自由权限制的法定理由必须满足的条件：一是提供公共服务且关系公共利益，二是需具备特殊信誉、特殊条件、特殊技能等资格、资质。与此对应，我国的一些法律，如《中华人民共和国教师法》《中华人民共和国律师法》《中华人民共和国建筑法》《中华人民共和国执业医师法》等对具体职业的准入做出了限制性规定。

对职业自由权进行限制的条件中，无论是公众服务还是公众利益，都含有一个"公"字，这也正反映了前文提到的职业自由具有的相对性和可限制性，在行使时也须保障其他人的自由而进行限制。行政许可制度乃至本书研究的职业资格证书制度，在设计和具体实施过程中最终要面对职业自由权限制的正当性和限度难题，即职业自由与其他人的自由如何平衡与和谐的难题。在什么情况下可以设立准入类职业资格，可以限制职业自由？就如在公法的其他领域一样，我们为了控制主权者行使权力的任性，避免职业自由权被随意地限制和剥夺，我们给职业自由设限选择了正当理由——公共利益。

（二）公共利益判断机制

公共利益是职业自由权限定的正当性理由。它虽然在我国的各种法律条文中频频出现，如《宪法》第十三条第三款规定"国家为了公共利益的需要，可以依照法律规定对公民的私有财产实行征收或者征用并给予补偿"，《民法总则》第一百一十七条规定"为了公共利益的需要，依照法律规定的权限和程序征收、征用不动产或者动产的，应当给予公平、合理的补偿"，《行政许可法》第十二条规定"提供公众服务并且直接关系公共利益的职业、行业，需要确定具备特殊信誉、特殊条件或者特殊技能等资格、资质的事项"，然而遗憾的是，这些法律条文未对公共利益的内涵和范围做出明确界定。

依据公共利益对职业自由权设限，我们有必要建立一套行之有效的判断机制，以避免因模糊而不确定的理由限制了劳动法所确立的一项重要权利。公共利益有大有小，与劳动者的职业自由权的关联有疏有密，对职业自由权的设限必须有充分的证明与直接且足够的关联。在发达国家，许多行业协会有非常大的立法影响力，为了抬高行业的地位，保护既得利益者的特权，限制未来人们进入，纷纷通过各种办法设立了职业资格限制。即使在近十年，美国各州也有大量的新增职业资格出现。我国的情况有所不同，我们的行业管理部门相对于国外的协会往往具有更大的立法影响力。职业资格认证项目越多，管制部门权力越大，收费越多，利用设置职业资格"寻租"的机遇越多。但是有哪一个许可的设定不是用公共利益的名目来论证其必要性的呢?《行政许可法》第二十条规定，"行政许可的设定机关应当定期对其设定的行政许可进行评价；对已设定的行政许可，认为通过本法第十三条所列方式能够解决的，应当对设定该行政许可的规定及时予以修改或者废止。行政许可的实施机关可以对已设定的行政许可的实施情况及存在的必要性适时进行评价，并将意见报告该行政许可的设定机关。公民、法人或者其他组织可以向行政许可的设定机关和实施机关就行政许可的设定和实施提出意见和建议"。条文内容更多体现的是一种自我判断机制，有鉴于此，有必要对该条最后一部分内容进行适当修订，赋予公民、法人或者其他组织法律救济的渠道。

第三节　制度改革对相关权利的影响

一、制度改革与职业自由权

职业自由，不仅是个体生存与人格发展的基础，而且对社会经济的发展与民主精神的存续有其独特的贡献。职业对于人类个体而言，无疑具有非常重要的意义。职业不但是一种生存的手段，还是一种社会角色的扮演，更是个体自我认同与人格发展的体现。对于普通公民来说，通过从事一定的职业获取生存的物质条件，具有天然的道德基础和正当性。职业是个体的社会参与，是一种社会角色的扮演。个人自由决定其职业选择、生活方式，是个人人格自由发展的基础，是宪法应予保护的人性观。哈耶克指出，对大多数人来说，花在工作上的时间占我们生命的大部分，由于我们的职业通常也决定了我们生活的地点和与哪些人在一起生活，因而选择职业的某种自由，对于我们的幸福来说，甚至也许比在闲暇时使用我们收入的自由更为重要一些。①

同时，职业资格制度还因具有减少信息不对称作用而使得交易安全的价值。但是如果过度地、一味地追求绝对安全，也将削减劳动力的创新活力，反过来使得制度所追求的安全成为镜花水月。博登海默曾经指出，安全往往具有两面性甚至双刃剑的特征，稳定的社会生活往往是人们心驰神往的，大家都不愿意生活在杂乱无序的社会中；然而一味强调个人生活和社会生活中安全的重要性，只会导致社会发展的停滞乃至最终的衰败。在职业资格证书制度领域，作为制度基石的安全价值也同样可能产生负面效应，制度的整体价值和职业自由权有可能被过分或不当的安全价值否定。

对职业资格证书制度改革成效的探讨，除了分析改革带来的经济效益外，更重要的还应看到其匡扶"职业自由"的价值，体现社会的进步与依法治国的理念。保障个体的职业自由，是社会经济发展的源泉，但也许更为重要的是其对民主和法治的意义。毋庸置疑，充分保障公民享有的自由权利，包括劳动者在职业选择方面的自由，对个人才能的发挥，以及对社会的进步具有极其重要的价值。在哈耶克看来，经济自由是行为自由，是其他自由包括思想自由和政治自由的前提和基础。职业自由是个人生存的基础，与个人尊严和人格发展紧密相关。此外，职业自由还是社会经济发展的源泉，其对民主自由、依法治国和宪政秩序的特别意义更是体现了职业自由的价值所在。正是这种独特的价值，使得职业自由权成为劳动权的一项非常重要的内容。因此，应当将职业自由权以更加明确直接的方式写入劳动法，一是使得劳动者职业自由的保障有法律上的依据，二是要在实体法和程序法上建立职业自由权的权利救济体系，而不仅仅依靠宣示性的规定或通过诉诸自然法理和道德正当来维系权利正常行使。以职业资格清理为基调的职业资格制度改革，某种程度上是对行政权力任性限制和职业自由权的纠正，但是这种依靠行政方式推动的改革需要同时建立相应的法律制度予以固化。在推进职业资格法治化建设的进程中，首先应当把

---

① ［英］哈耶克. 通往奴役之路［M］. 王明毅，冯兴元，马雪芹，等译. 北京：中国社会科学出版社，1997.

职业自由的价值植入制度设计的主要框架之中，充分体现职业自由权的经济和精神双重层面的重要意义，让职业资格证书制度不再是单一的经济性的行政规制工具，而是经济和精神二元价值结构支撑的重要劳动制度。

我国近10年的这一轮职业资格证书制度改革的主要导向是"清理整顿"，官方公布的改革成效也是以清理职业资格的数量和证书设置的比例作为各部门、各地乃至整个国家的评判指标："2013年以来，国务院将减少和规范职业资格许可和认定事项作为推进简政放权、放管结合、优化服务（以下简称放管服）改革的重要内容，先后分七批取消了434项国务院部门设置的职业资格许可和认定事项，削减比例达到原总量的70％以上，持续降低就业创业门槛，激发市场活力和社会创造力，促进创业创新。"① 从《进一步减少和规范职业资格许可和认定事项的改革方案》内容来看，改革的动因和主要措施是从经济分析的角度，而并未上升到职业自由乃至个人自由的原则平台上展开。② 笔者认为，职业资格证书制度改革除了关注劳动力资源配置效益外，更重要的是应从以职业自由为内容的个人自由的角度进行论证。在通过法定程序设立职业资格，确认相对人享有职业资格身份权时，必须严格地论证对职业自由权设限是否具备充分的正当性。

二、制度改革与职业资格身份权

《行政许可法》第八条规定："公民、法人或者其他组织依法取得的行政许可受法律保护，行政机关不得擅自改变已经生效的行政许可。行政许可所依据的法律、法规、规章修改或者废止，或者准予行政许可所依据的客观情况发生重大变化的，为了公共利益的需要，行政机关可以依法变更或者撤回已经生效的行政许可。由此给公民、法人或者其他组织造成财产损失的，行政机关应当依法给予补偿。"第六十九条规定："有下列情形之一的，作出行政许可决定的行政机关或者其上级行政机关，根据利害关系人的请求或者依据职权，可以撤销行政许可：（一）行政机关工作人员滥用职权、玩忽职守作出准予行政许可决定的；（二）超越法定职权作出准予行政许可决定的；（三）违反法定程序作出准予行政许可决定的；（四）对不具备申请资格或者不符合法定条件的申请

---

① 人力资源和社会保障部：《进一步减少和规范职业资格许可和认定事项的改革方案》（人社部发〔2017〕2号），2017。

② 陈端洪. 行政许可与个人自由［J］. 法学研究，2004（5）：25—35.

人准予行政许可的；（五）依法可以撤销行政许可的其他情形。被许可人以欺骗、贿赂等不正当手段取得行政许可的，应当予以撤销。依照前两款的规定撤销行政许可，可能对公共利益造成重大损害的，不予撤销。依照本条第一款的规定撤销行政许可，被许可人的合法权益受到损害的，行政机关应当依法给予赔偿。依照本条第二款的规定撤销行政许可的，被许可人基于行政许可取得的利益不受保护。"

由此可见，我国法律对撤销行政许可的情况分类较为详细，对哪些情况下的行政许可不予撤销、哪些撤销后需要给予补偿、哪些不受保护都作出了相应规定，这是信赖保护制度适用的重要体现。《行政许可法》第八条与第六十九条是针对不同类型行政许可的信赖保护做出了界定，其中第八条是关于对合法行政许可信赖保护的规定，第六十九条则是关于违法或者不当行政许可信赖保护的规定。

针对职业资格证书制度的改革，特别是职业资格的清理过程，《行政许可法》对于信赖保护制度的适用就是要从法律层面对政府公权力进行约束和限制，形成监督机制，减少因政府行政机关滥用职权、随意更改行政决定等造成的公民权利损害。对于公民和已经取得职业资格的劳动者来说，信赖保护制度的引入能够增强公民对于政府行政机关的信任，拥护行政机关作出的行政决定，从而提升政府公信力。因此，信赖保护制度有助于依法治国的推进和实施，保护行政相对人的职业资格身份权，规范我国行政机关的行政行为。目前，国家清理取消了大量的职业资格，其中多数准入类职业资格应当属于《行政许可法》第八条规定的情形。《进一步减少和规范职业资格许可和认定事项的改革方案》也提到了要"分类妥善处理后续工作"，落实行政许可法的相关规定，如"由此给公民、法人或者其他组织造成财产损失的，行政机关应当依法给予补偿"。对于事先通过合法程序取得职业资格身份权的劳动者的信赖保护具有重要意义，是法律的重要进步，也可以体现依法治国的重要理念。职业资格证书制度构建是否合理，很大程度取决于制度设计是否妥善处理职业自由权与职业资格身份权、职业自由权与公共利益的平衡关系。

第三章　职业资格身份权的民法保护

第一节　职业资格身份权的私法化

一、职业资格身份权在私法范畴的属性

（一）职业资格身份权类型化意义

职业资格身份权虽然还没有在我国真正成为一项法定权利，但是对其引入类型化分析对于将来的法律制度构建具有重要的意义。因为，权利向来是一个具有发展性的概念，当某种利益需要得到法律特别保护时，经过立法或者判例便可以赋予法律上的效力而成为法律意义上的权利。身份权在不同的历史时期，无论是在整个权利体系还是民事权利体系中都比较特别。身份存在的形态很多，但是现阶段我国立法所直接确认的民事身份权利仅有亲属身份权利。职业资格身份根据不同的类型进行区分，其法律关系所表现的各种权利的性质会自然存在差别，类型思维对我们准确把握职业资格身份权这一尚未得到深入研究的权利显得尤其必要。不同的职业资格身份权，因其所取得或产生的依据不同，其效力就有所不同，不同职业资格身份权之间具有不同强度的效力和特征。譬如，依据行政许可而设置的职业资格身份权与依据行业组织契约设立的职业资格身份权，其强制性显然不同，一种依据法律的强制性规定得以保障，而一种依据意思自治的契约得以实现。从法律依据来看，一种是行政法律，一种是民事法律，不同的法律依据亦会带来不同的法律责任。后文还将对法律责任竞合的情形予以研究，以更好地实现对职业资格身份权的保护。

（二）职业资格身份权的相对权与绝对权

有的学者原创性地把身份权分为绝对身份权和相对身份权，职业资格身份权具有这样的双重属性。杨遂全在分析身份权的内涵和特性时指出，一般的身份权必然含有双方当事人之间内部的关系和他们与社会其他不特定人之间的外部关系。因此，与人格权只有以不特定人为义务主体的对世权不同，一般身份权通常既具有在特定当事人之间相对的权能，同时又具有对不特定人的绝对的权能。绝对权能够在不包含相对权的状态下单独存在，而身份权中的相对权不能离开绝对权独立存在。① 所谓职业资格的绝对身份权，是指一旦劳动者基于一定的原因取得了职业资格，基于该身份即可继续拥有与之相关的各种身份权利。这种绝对身份权本身并不直接以某种具体当事人之间的关系为内容，它没有特定的权利相对人，而具有一般人格权的特性。② 由于这种绝对身份权是在某一具体劳动关系解除或消失后基于该身份可继续拥有的身份权，所以，这种绝对身份权是原来已有的职业资格身份效力在其中的相对权消灭后的继续保留。如将其等同为普通的一般人格权，就无法从根本上找到它不同的权利根源，或抹杀了它区别于普通人格权的特性。所谓职业资格的相对身份权，是一种直接具有相对性的身份权，如果缺少特定相对人，它就没有存在的基础。职业资格身份权同样是一种具有相对权与绝对权双重属性的特殊民事权利。

（三）职业资格身份权对人格权的影响

笔者认为身份权利不仅包含亲属权，还包含职业资格身份权等新型权利。其具备人格权的一些特性，也具备人格权不同的差异，如身份权利具有相对性，而非传统人格权属于对世权，具有绝对性。在身份权还未得到立法确认时，可以将其视为人格权的一种新型权利予以保护。王泽鉴认为人格权是以人格为内容的权利，因其开放性且难以定义，故而应做诠释性的理解以适应未来的发展之需。③ 马骏驹认为人格权的内容随着社会的变迁、个人人格觉醒及不法侵害态样，具体化于不同的保护范围，形成了个别人格权益，保持一种持续

---

① 杨遂全. 婚姻家庭亲属法学 [M]. 北京：清华大学出版社，2011.
② 五十岚清所著的《人格权法》（北京大学出版社，2009）中指出，人格权与物权一样，是具有排他性的绝对权，对任何人都可以主张这种权利，在权利遭受侵害时，可以请求防止侵害或排除侵害。
③ 王泽鉴. 人格权法 [M]. 北京：北京大学出版社，2012.

开展及实践的动态发展过程。[①] 随着科技进步,人格权保护的类型出现了新形态,特别是出现了人格利益直接财产化的趋势。[②] 国外也早有学者指出,人格权不应被禁锢在一个自我封闭的领域里。学者科勒指出应允许人格以积极的方式予以展示,只有人可以充分展示其自身,其全部能力依其自由意志得以发挥时,文化才能得到繁荣。

二、公私交融下的职业资格身份权

对于职业资格身份权的研究不应止步于行政法的范畴,在公法和私法交融的大背景下,职业资格身份权的民事权利属性得到确立,对于职业资格证书制度的市场化改革具有非常重要的价值。因为,身份之于人类社会的意义不言自明,作为法学工作者或是立法者该关注的无非是哪些身份对于法律更具价值和意义。在法律的演变过程中,身份由古代到近代直至现代所起的作用不同,身份关系在法律范畴内也发生了变化。无论把身份视作特权的符号,还是仅仅将其作为家庭范畴区分家庭成员的标签,都体现了一种社会发展和变迁的需要。学者们提出"契约"到"身份",讨论身份的"扩张",其实不是身份自身发生了变化,而是身份根植的社会发生了变迁。于是在消费关系领域、劳动关系领域,身份关系被相关特别法吸收。在民法中也应确认职业资格身份权的内容,明确职业资格身份权具有私权属性,明确规定职业资格身份权受到法律的保护。当身份权利受到侵害时,加害人要承担民事赔偿责任,并恢复权利人原来的身份状态。职业资格制度的建立,意味着取得相应资格的主体具有相应的身份,同时也就获得了这项具体身份匹配的身份权利,因为职业资格制度确保了具体的民事主体具有相对稳定的身份关系,这样的稳定使得其在法律上具有价值并获得法律确认的现实条件。民事法律通过立法确认职业资格身份权,也是职业资格制度建立的基石和法律保障。

---

① 马骏驹. 从人格利益到人格要素——人格权法律关系客体之界定 [J]. 河北法学,2006
(10):43-49.

② 张礼洪. 人格权的民法保护及其理论的历史发展——兼议我国的立法模式选择 [J]. 中国政法大学学报,2018 (4):162-178.

三、职业资格身份权与人生计划权利

自然人享有人生计划权利[①]，该权利属于新型的人格权，意指自然人规划人生计划未来的权利。职业资格往往能左右劳动者的人生计划，或者说职业资格身份权常与劳动者个体的人生计划权利捆绑在一起。在我国目前的职业资格体系下，多数的资格都具有准入性门槛的属性，即使是国家职业资格目录清单中的水平评价类职业资格，也常常被行政部门或一些行业作为从事相应职业的准必备条件。因此，劳动者的人生计划权利常常系于职业资格之上。获得职业资格，人生计划便得以顺利实施，并进入一条预先设计的人生轨道；反之，人生则可能完全走向另一条不可预知的道路。职业资格身份权作为因取得职业资格而获得的身份权，与人生计划权利因职业资格联系到一起，获得或持有职业资格成为很多劳动者的人生计划的重要部分，因职业资格而生的人生计划权利承载了当事人对未来生活的期许。在很多时候，职业资格身份权和人生计划权利具有同生共荣的关系，获得职业资格身份权就可能意味着人生计划权利的"增值"，反之职业资格身份权被侵害，人生计划权利就会受到损失。甚至在一定条件下，职业资格身份权与人生计划权利会融合到一起，例如某一公民的职业资格身份权被不当地剥夺或收回，其人生计划权会同时受损，就如钢琴师失去手指，其钢琴职业的计划将没有延续的可能性，失去律师资格证的律师将不能站在法庭上为当事人辩护。

第二节　职业资格身份权的民事制度创新

一、身份权参照适用人格权保护利与弊

（一）民法典人格权编将身份权参照人格权进行保护

《民法典》第一千零一条规定：对自然人因婚姻家庭关系等产生的身份权

---

① 徐国栋.《绿色民法典草案》人身法二题［J］. 福建师范大学学报（哲学社会科学版），2005（1）：1—7.

利的保护，适用本法第一编、第五编和其他法律的相关规定；没有规定的，可以根据其性质参照适用本编人格权保护的有关规定。为什么要在人格权编中规定身份权的保护呢？在《民法典》颁布前，杨立新接受《法制日报》全媒体记者朱宁宁采访时，解释说婚姻家庭编中主要规定的是身份权的具体内容，包括权利、义务、身份、地位等，如果再规定身份权请求权，就会跟人格权编中的内容重复。所以，在立法技术上就采用准用条款的方式，把身份权写到人格权编中。换言之，婚姻家庭编中具体规定了身份权的内容，身份权遭到侵害的话，则可以按照人格权编的规定进行适用，保护人格权的一些规则同样可以适用于身份权，如赔礼道歉等。①

（二）职业资格身份权的属性

职业资格身份权既非典型的人格权，也非传统的身份权，兼具身份权和新型人格权的某些特性。英美法系和大陆法系对于人格权有不同的认识，在英美法系中人格权（personality right）一般认为包含公开权和隐私权，而大陆法系并没有形式意义的人格权概念，认为人格权是基于"对人的尊严的尊重"的权利。② 笔者认为人格权是包含职业资格身份权在内的现代新型身份权产生的前提，现代人格权强调人与人之间具有相同的、平等的人格，这成就了不同的社会身份，因而在纳入民事法律保护后成为一项民事权利。反之，将职业资格身份权确定为新型的民事权利又是对人格权的发展和扩张，与知识产权、荣誉权等权利共同构成新型的民事身份权利。

职业资格身份权可视为对人格权的扩张和新的发展，以维护人格独立、人人平等为使命，体现了人作为人所应有的权利。因此，可以视人格权基本属性在新型的人身权体系中占据主导地位。同时，在现有的民法体系背景下，无论是大陆法系还是英美法系都没有对除了亲属身份之外的身份做出规定，将职业资格身份权视为一种私法权益通过纳入人格权体系予以保护应是更切合实际的一种选择。这样说来，以一种开放和发展的视角来看待人格权，人格权实际上是职业资格身份权存在的基础和前提。反之，新型的身份权是对传统人格权的发展，职业资格人身权是一种具体权利形式的体现。

传统的人格权与传统的身份权法律地位尽管不同，但这不能阻碍它们双方

---

① 朱宁宁. 民法典人格权编草案为人体基因人体胚胎试验划出法律红线［N］. 法制日报，2019—04—21（2）.

② ［德］迪特尔·梅迪库斯. 德国民法总论［M］. 邵建东，译. 北京：法律出版社，2000.

在发展和实际运用中的交互。诸如职业资格身份权这样的具体身份权的实践和运用是对人格权的一种发展，这种发展让人格权更具生命力，可以更好地保护和落实自然人不同的身份利益，从而进一步丰富民法的内涵。职业资格身份权对人格权的发展还具体体现为一种扩张或限制。首先，职业资格身份权对人格权的限制体现在民事主体在社会生活中获得一定的身份后，往往会基于此种职业资格身份享有某些权利或负担某些义务。这种资格包含的权利和义务往往会对民事主体的人格权进行一些限制。例如执业医师和执业律师在与病患和当事人的关系中，医师和律师必须审慎地处理病患和当事人的事务，竭诚为当事人的利益服务，负有保护当事人隐私的义务。职业资格身份权对人格权的某些方面的限制，是民事主体为获得特定的职业资格身份利益而自愿放弃自己部分人格权选择的结果。其次，职业资格身份权对人格权的扩张体现为一种从形式平等到实质平等的转变。人格权制度的价值就是维护人人平等，维护人格独立，但这种平等只是人在法律属性和范畴上的一种资格上的、形式上的平等，是一种高度抽象化的人格独立。现实生活中，形式平等并不等同于事实平等，各个独立民事主体之间依然存在着各种不平等，例如他们的社会地位、经济地位的差异不会因人格平等而消失。现代新型身份权上的"身份"与传统身份权上的"身份"等级社会有本质的差异，古代法上的身份意味着等级、特权和依赖的存在，意味着一部分社会成员对另一部分的社会成员实行经济和超经济的奴役和剥削，而新的身份关系意味着当事人经济地位的差别，意味着法律上平等和事实上不平等的背离。[①]

（三）职业资格身份权的民法典保护

《民法典》将身份权参照人格权进行保护是对《民法总则》的一种补救，但是仅以分则的方式予以保护可能丧失架构系统性民事法律保护体系的通道。对于《民法总则》而言，将身份权排除在"民事权利"之外实为一种遗憾。有的学者认为《民法总则》对于民事法律行为的规则设计没有考虑亲属身份关系，并为其预留适度空间，这使得问题复为问题[②]；更重要的是导致新型身份权益缺乏必要保护的民法基石。《民法典》应作为民法的原则法，在处理《民法典》内包括总则和分则之间的原则例外关系时，还应注意原则与原则之间的

---

① 张雯. 从契约到身份——现代身份权体系的重构 [J]. 陕西省行政学院　陕西省经济管理干部学院学报，2004（3）：74-76.

② 姜大伟. 论《民法总则》对亲属身份行为的调整——兼评我国《民法总则》相关之规定 [J]. 学术论坛，2017（5）：22-30.

调和和平衡关系，当一项原则以《民法典》的法律规范的形式确定后，社会出现新的事物和新的关系，《民法典》的文意自然会有所不及时，立法者不应扮演"不食人间烟火"的圣人，而应当以《民法典》的原则出发，思考和权衡是否需要因事和因时制宜地制定某种特殊的法律规定，例如单行法律。我国台湾地区学者苏永钦认为民法典除了构建自治的原则外，对于国家在各领域的管制不能视而不见，因此立法者必须在法典内适当的地方架设通往其他法律领域的管线，甚至区隔主线、支线，从而把常态的民事关系和特别的民事关系，把民事关系和前置于民事关系或以民事关系为前置事实的公法关系连接起来。① 从原则的角度去重新认识民法典的立法价值，它与其他同样处理民事关系的单行法最大的区别并不是条文的多寡，而是体现自治和管制时所承担的调和功能不同。

二、职业资格身份权的侵权保护模式

（一）职业资格身份权与其他民事权利的区别

职业资格身份权具有部分传统人格权的特质而区别于其他民事权利，同时又区别于传统人格权，它并非与生俱来的对自身享有的权利。梁慧星认为，人格权与其他民事权利的最大区别在于，其他民事权利都是民事主体对其身外之物或人享有的权利，而人格权是民事主体（自然人）对其自身享有的权利，其客体（对象、标的）不在主体身外，而在主体自身。人格权不能适用民法总则编关于法律行为、代理、时效、期日、期间等的规定。② 职业资格身份权同样不必非要通过其他的物或人才能实现权利，它同样也不适用于《民法典》关于民事法律行为、代理、时效、期日、期间等的规定。职业资格身份权还类似于人格权，原则上不能处分、赠与、转让、抵消或抛弃，随着作为权利人的自然人死亡而消灭。但是，职业资格身份权与传统人格权还有着显著的差异，并非自然人出生而当然取得，其取得往往是自然人根据自己的意愿，并依法律行为通过一定的程序而取得。

（二）职业资格身份权保护立法缺陷

《民法典》第一千零一条规定：对自然人因婚姻家庭关系等产生的身份权

---

① 苏永钦. 民事立法与公私法的接轨［M］. 北京：北京大学出版社，2005.
② 梁慧星. 中国民法典中不能设置人格权编［J］. 中州学刊，2016（2）：48－54.

利的保护，适用本法第一编、第五编和其他法律的相关规定；没有规定的，可以根据其性质参照适用本编人格权保护的有关规定。将身份权保护纳入民法典人格权编中，与目前德国、日本和美国的做法不同，缺乏一般人格权或个人隐私的权利这样的"筐子"①，导致职业资格身份权这样的新型权利的保护依然处于立法上的尴尬境地。为了解决社会和科技发展带来的新挑战，德国对于人格权的保护，建立了一般人格权概念，将法律所未明确的新案例纳入这个"筐子"，主要通过侵权法进行保护。而美国侵权法既没有规定各种具体的人格权类型，也不像德国一样创设一般人格权概念，而是通过侵权法保护隐私权。不过美国侵权法中的隐私权与中国目前《民法典》的隐私权有着巨大的区别。中国的隐私权是指自然人对自己不愿他人知晓的个人隐私的狭义概念；美国的隐私权是一个抽象的概念，指的是自然人的非财产利益受侵害的情形，均可以纳入隐私权范围受到保护。②

　　我国目前的这种对人格权类型化的立法模式首先确定一部分的人格权，然后通过司法解释的方式解决保护范围的做法可视为中国人格权保护独有的特点，但是《民法典》第九百九十条"除本编规定的人格权外，自然人享有基于人身自由、人格尊严产生的其他人格权益"的表述既不准确也不周全，没有对人格权给出一个有延展性的概念性规定，也缺乏像德国、美国那样便于顺应时代发展的可操作的"筐子"式的法律概念。

（三）民法典应作为职业资格身份权保护的基石

　　职业资格身份权作为社会新生事物，其保护应在民法典的原则性规定中找到答案，如单行法则可以通过这样的原则去类推适用。另外，针对职业资格身份权立法者还可以从民法典的原则出发，在条件成熟时，因地制宜地制定特别的规定。德国民法把大部分的消费者权益保护的单行规定都放进了民法债编，例如定型化契约条款的单行规定，但是也同样将消费者放进了民法总则的权利主体部分。而我国台湾地区虽然将定型化契约的规定放进了债法，却只是将这样的契约保留在消费者权益保护法中，消费者并非民法典中的权利义务主体。由此看来，不同国家、地区的立法者对于何为"正常"的民事关系的理解是有差异的。理论界对人格权究竟应规定在民法总则的自然人一章，还是应该让人格权单独成编存在不同的认识。虽然人格权已单独成编，但笔者认为应在自然

---

① 梁慧星. 中国民法典中不能设置人格权编 [J]. 中州学刊，2016（2）：48—54.
② 梁慧星. 中国民法典中不能设置人格权编 [J]. 中州学刊，2016（2）：48—54.

人部分加入人格权的规定，采取列举加概括的立法模式，这样可以为职业资格身份权这样的新型权利保留相应的通道，也可以使总则作为原则法具有更好的弹性和延展性。

三、职业资格身份权民事责任归责体系

（一）我国民法总则中的内容缺失

职业资格身份权在我国目前虽然没有明确的法律规定，但《行政许可法》的相关规定可以视为是公法对其保护做出了原则性的规定。《民法典》自然人部分也缺乏将该项权利从公权力向私人权利"转变"的条款，只是通过侵权责任来予以弥补。有的学者提出，公权利向私权利转变需要具备四个方面的条件：一是公法规定公民的权利内容能够被自然人作为民事主体享有，即意味着权利主体的身份变化从公法的公民变为私法的自然人；二是相应公权利被私权利化后，权利的义务主体也发生了变化，由国家变为普通的民事主体；三是该权利内容具有民事利益内容，即私法保护的利益是民事利益作为权利的客体；四是该权利受到损害后，从私法（民法）的范畴具有救济的渠道和措施，对损害行为可以通过民事手段予以制裁。① 由此看来，无论是一般人格权、身份权，还是具体到职业资格身份权，都具备权利保护由公到私转变的条件。笔者赞同梁慧星老师的建议，即将《侵权法》在整体保持不变的情况下纳入《民法典》作为一编，同时在总则的自然人一章中专门对人格权及一般人格权做出弹性的规定②，为身份权的保护留出民法空间。

（二）侵权责任的责任竞合

《民法总则》和《侵权责任法》的规定为职业资格身份权的民事责任保护提供了法律依据，相关条款已被《民法典》吸收。《民法总则》第一百八十七条规定：民事主体因同一行为应当承担民事责任、行政责任和刑事责任的，承担行政责任或者刑事责任不影响承担民事责任；民事主体的财产不足以支付的，优先用于承担民事责任。《侵权责任法》第四条规定：侵权人因同一行为

---

① 杨立新. 人身自由与人格尊严：从公权利到私权利的转变［J］. 现代法学，2018（3）：10—11.

② 梁慧星. 中国民法典中不能设置人格权编［J］. 中州学刊，2016（2）：48—54.

应当承担行政责任或者刑事责任的，不影响依法承担侵权责任。以上规定较好地体现了私权的优先保护原则，同时也可以体现职业资格身份权在民法范畴的重要价值。尤其需要强调的是，《民法总则》将这样的归责原则作为民法的一般性规定，将为类似职业资格身份权这类既涉及行政法又涉及民法的权利的民法保护提供重要的引导。同时，这样的规定也可以避免一些不必要的法律援引，譬如在"齐玉苓诉陈晓琪等以侵犯姓名权的手段侵犯宪法保护的公民受教育的基本权利纠纷案"中，最高人民法院认为：当事人齐玉苓主张的受教育权，来源于我国宪法第四十六条第一款的规定。根据案件事实，陈晓琪等以侵犯姓名权的手段，侵犯了齐玉苓依据宪法规定所享有的受教育的基本权利，并造成了具体的损害后果，应承担相应的民事责任。[①] 本案最终以最高院司法解释的方式解决了存在着适用法律方面的疑难问题，判决直接引用《宪法》中的教育权而绕过了民法的规范约束，多少也是因为缺乏本书提到的人格权"筐子"条款与适用《民法总则》责任竞合的规定。

（三）职业资格身份权的民事责任承担

由于职业资格身份权具有人权和财产权的二元属性，侵权人冒用权利人的身份进行相应职业行为等，必然会给权利人造成损失，应对权利人的损害进行赔偿，这样的赔偿既包含精神方面，也应包含财产方面。职业资格身份权的民事责任承担与人格权商品化权利人遭受侵害的损害赔偿有相似之处[②]，但在侵权行为表现上还是有明显差异的，对职业资格身份权的侵害通常表现为冒用身份，对人格权商品化侵权表现为未经授权的利用。具体的人身损害赔偿和财产损害赔偿表现为：

（1）人身损害赔偿。精神损害赔偿最重要的作用在于抚慰职业资格身份权权利人的精神痛苦，这种抚慰痛苦的手段仍然通过经济手段来实现，在实践中其具体数额的判定方法可以参照《最高人民法院关于确定民事侵权精神损害赔偿责任若干问题的解释》第十条等相关规定予以确定。有的学者认为侵害人身权的民事责任中，最具特色的是侵害人身权造成精神损害进行的物质赔偿，即精神损害赔偿具有两个特征：一是行为人侵犯的为人身权利而非物质权利，二是赔偿的为精神损害而非物质损害。[③] 需要说明的是，人格平等原则在职业资

---

①　《最高人民法院法释》〔2001〕25号司法解释，2015。

②　谢晶. 我国人格权商品化民法保护路径初探［J］. 黄冈职业技术学院学报，2018（5）：48—52.

③　吴汉东. 法学通论［M］. 北京：北京大学出版社，2012.

格身份权的人身损害赔偿中同样适用，即当损害结果一致时，人身损害赔偿数额不因受害人社会地位和公共影响力等方面的差异有区别，而这种差异可以通过财产损害赔偿来体现。

（2）财产性损害赔偿。侵权人对冒充或冒用职业资格身份为一定行为，因为这样的行为而承担对权利人经济损害赔偿的责任是非常必要的。在我国司法实践中，由《侵权责任法》到《民法典》都体现了按"权利主体利益损失"到"侵权人获利"再到"法院依情况确定"的逻辑顺序确定财产赔偿的标准。因为职业资格身份权类似于人格权商品化权的属性，其赔偿标准同样难以量化，权利人的损失难以得到精确化的补偿。因此，具体实操可以采用两种方法：一是以对侵害人不当得利的数额来确定损害赔偿数额。侵权人冒用权利人资格身份获取权利人可能获得的财产性收益，而权利人受到损害，侵权人构成不当得利。二是可以尝试建立设定法定赔偿金制度来确定损害赔偿数额。职业资格身份权会给权利人带来无形财产利益，但是具体数额难以量化。若出现不当得利且难以确定赔偿数额时，法定赔偿金制度也可起到重要的作用，即在法律规定中明确一定的标准或赔偿范围，同时结合职业资格身份权对应的职业资格的"含金量"、侵权行为方式、带来的社会影响大小等因素对具体数额加以确定，切实形成保护职业资格身份权的社会氛围。

（四）职业资格身份权保护之"私人执法"

在职业资格身份权保护方面，私人执法与公共执法相比具有独特的优势和特点。由劳动者个人、企业或行业组织构成的权利保护主体要比政府机关更为广泛，其在权利保护过程中的具体优势包括：可以显著降低单独由行政机关来负责权利保护、执法和监督的成本；政府无须为职业资格身份权保护在行政机构和人员上承担不必要的负担，更有利于实现简政放权的改革目标；可以大大减少权力寻租的空间，避免以往的"收费型"管理的出现，杜绝在职业资格管理中出现制度性腐败。笔者目前并未检索到我国因为职业资格身份权保护而直接提起的民事诉讼，但是涉及职业资格的民事诉讼却并不少见，由此可见职业资格与公民的相关民事权利是紧密相关的，单就职业资格身份权的民事保护的立法和司法实践依然欠缺。有效的私人起诉与发达的市民社会（包括发达的非政府组织）是分不开的。在一个法治国家，私人起诉很多时候是由非政府组织（公民团体）来行使的，发达的市民社会对法律的执行意义重大。① 笔者认为，

---

① 李波. 公共执法与私人执法的比较经济研究［M］. 北京：北京大学出版社，2008.

在我国的职业资格身份权保护中引入更多民事的权利救济机制，可以在职业资格证书制度改革精简行政规制的同时，大大提高监督的强度。

第三节 职业资格对合同效力的影响

一、职业资格合同类型化分析

（一）职业资格身份劳动合同

以职业资格身份作为附属性内容或附条件的劳动合同是一种特殊的合同，本质上是对合同自由的限制，是公法作用于私法的手段，其首先仍然属于劳动合同法的规制范畴，其次因不同的职业资格类型而具有独立的特性。明智的创制者并不从指定良好的法律本身入手，而是事先考察一下为之而立法的那些人民是否宜于接受那些法律。① 社会和劳动力市场对适用于其的立法可接受度非常重要，职业资格对劳动契约自由规制也尤为重要，国家不能以脱离社会实际的法强行推进社会发展，职业资格身份劳动合同正是劳动自由与规制互动与结合的结合点。不同于人格和人格权的内容是与生俱来的且不会随主体的意志和后天努力而改变，一个人可以通过后天的努力同时取得多种职业资格，甚至可以同时具有不同的职业资格身份（有的职业允许兼职），这意味着主体具有选择权，如签订职业资格身份属性合同的选择权。准入类职业资格受公法的规制，具有很强的强制性，具有相应资格是合同签订的基本条件，即该类合同属于附条件的合同；与之不同的是，水平评价类职业资格并非强制性资格，这样的身份只是合同的重要内容，资格身份只是合同的附属性内容。另外，职业资格身份属性合同除了具有劳动合同的普通特征外，还应具有其独自的特点，即合同主体的附条件性。更重要的是现代契约理念下，合同内容除了约定双方关于劳动的权利和义务，立法应该建立类似于消费者契约保护制度的特别制度，如职业资格身份团体诉讼制度、职业资格身份保护制度等。

---

① ［法］卢梭. 社会契约论［M］. 何兆武，译. 北京：商务印书馆，2003.

（二）职业资格身份服务合同

在《民法典》中，服务合同并未以有名合同的形式存在，但在规定的承揽合同、运输合同、技术合同、委托合同、行纪合同等有名合同中包含了提供服务的内容，带有职业资格身份服务内容的合同又属于以提供服务为内容的合同中的特殊一类。例如第十七章规定：承揽合同是承揽人按照定作人的要求完成工作，交付工作成果，定作人给付报酬的合同。承揽包括加工、定作、修理、复制、测试、检验等工作。承揽人可能是普通的劳动者，也可能是在合同中已经约定必须为具有职业资格的特定劳动者。从对承揽合同之承揽人、委托合同之受托人主给付义务履行的现行立法来看，承揽人应当承担亲自完成主要工作任务之义务，受托人应当承担亲自处理委托事务之义务。《民法典》规定承揽人应当以自己的设备、技术和劳力，完成主要工作，但当事人另有约定的除外。由此看来承揽人具有亲自履行的义务在我国《民法典》中已有明确规定。另外，在《民法典》其他具体类型包含服务内容的合同中，往往会基于服务提供人，亦可能是持有职业资格证书的劳动者的特殊技能、经验等带给当事人特别的身份信赖关系而签订的合同，如委托开发合同中某一领域的工程师、咨询合同中的注册会计师或律师、授课合同中的教师、演出中的主持人或演员等服务合同中的服务提供人，原则上也不允许将其合同给付义务交由第三人履行。带有职业资格身份为内容的服务合同，因以上的当事人亲自履行义务，当事人的这种义务或债务可以视为民法学理论上手段债务和结果债务中的手段债务一类。

二、不同类型职业资格对合同效力的影响

（一）准入类职业资格对劳动合同效力的影响

对于准入类职业资格，即执业资格，在本书第二章已经做了简单的分类介绍。它强调的是从事相应职业应具备一定的资格条件，是建立其他法律关系的基础；换言之，没有准入类职业资格，就不能从事相应职业。职业资格身份是缔结职业资格身份契约的主体前提条件，它是一种特别的带有"身份"属性的契约。同时，由于一些职业资格还具有很强的区域性、地域性，有的职业资格仅仅在国内有效，有的职业资格是国际通用。《劳动合同法》第二十六条规定："下列劳动合同无效或者部分无效：……（三）违反法律、行政法规强制性规

定的。"所以，一方面，没有职业资格的主体签订带有职业资格"身份"属性的合同是无效的；另一方面，具有职业资格身份的主体，只有在一定的地域区间内签订的职业资格"身份"属性的合同才是有效的。另外，对于欺诈条件下取得的职业资格身份权，其法律效力如何呢？我国《民法典》第一百四十八条规定一方以欺诈手段使对方在违背意思的情况下所为的民事行为可依申请予以撤销。由此看来无论是不具备准入类职业资格，还是以欺诈手段取得职业资格而签订的"身份"属性的劳动合同均是自始无效的或可予以撤销。因为在劳动法上职业资格身份关系之建立与维系，全赖于行政许可的真实、完整和合法性，若职业资格申请人在获取资格以确立职业资格身份关系之时采取隐瞒或虚构事实的不当手段，使行政部门陷于错误认识的条件下授予职业资格，劳动者与其服务的用人单位之间缺乏真实的合意基础，可以认为当事人因欠缺职业资格而具有违法性。当事人因欠缺准入类职业资格的责任，用人单位可以通过选择追究其未履行先合同义务或侵权责任来实现。

（二）准入类职业资格对服务合同效力的影响

准入类职业资格对服务合同效力的影响不同于劳动合同，这种不同很大程度上是因为服务合同的签订对象类似于消费者，合同的效率认定应考虑公共利益等事项，而非简单做无效合同的处置。《行政许可法》第六十九条规定："被许可人以欺骗、贿赂等不正当手段取得行政许可的，应当予以撤销。依照前两款的规定撤销行政许可，可能对公共利益造成重大损害的，不予撤销。"笔者认为欺诈条件下通过行政许可取得职业资格而签订的服务合同的效力认定，应综合考量几方面的因素：一是尊重行为人和行为对象的自决权，平衡保护当事人特别是行为对象的合理正当的权益，尽可能维护市场交易的安定；二是客观地看，职业资格身份关系既已建立，则既成事实，而其原因则在所不论。如果劳动者与劳动服务对象之间缺乏真实的合意基础，已经建立的职业资格身份关系能否继续维系尚不确定，只有被欺诈一方在获悉被欺诈之事实后作出选择来确定。因此，将欺诈条件下获得职业资格实施的职业资格身份认定为可撤销是合理的，一则是已建立的职业资格身份关系的安定性得以维系，二则是建立职业资格身份关系的合意基础亦具备修复的机会和条件。

（三）水平评价类职业资格对劳动合同效力的影响

水平评价类职业资格，如前文介绍并非严格意义上的"资格"，这类"资格"的取得并非基于行政许可，而更像民事范畴的一种第三方评价，不会出现因为《劳动合同法》第二十六条规定的"违反法律、行政法规强制性规定"的情形而无效。民法与劳动法在调整雇佣契约和劳动合同问题上并非没有任何牵连，民法所积淀的博大精深的契约理论对劳动法上劳动合同制度的检验和完善起着基础性的指导作用，脱离民法契约法基础的劳动合同制度是没有理论基础的法律制度。[①]《劳动合同法》与《民法典》对欺诈背景下签订的劳动合同的效力有不同的规定。《劳动合同法》第二十六条规定"以欺诈、胁迫的手段或者乘人之危，使对方在违背真实意思的情况下订立或者变更劳动合同"无效或部分无效，而《民法典》规定受损害方有权请求人民法院或者仲裁机构变更或者撤销。上述规定的差异体现了劳动法与纯粹的民事法律的价值观念的差异，《劳动合同法》体现了更多公法的强制性的特质，而《民法典》将合同的效力选择的权力交给了当事人，特别是其五十四条撤销权的规定。劳动契约规制往往需要民事契约理论与制度的支撑。[②] 笔者认为，既然水平评价类职业资格并非强制性职业资格，已经建立的劳动合同应属于效力待定的合同更为适宜，水平评价类职业资格应更多体现私法对自由精神的追求。如劳动者采用欺诈的手段获得了某一水平评价类职业资格，而凭借这样获取的资格身份与用人企业（单位）签订了劳动合同，此时合同是否有效应交由被欺诈一方在获悉被欺诈之事实后作出选择来确定；同样如果行政部门或行业协会在基于错误认识的条件下做出授予水平评价职业资格的情形，其对合同效力的影响也应仅属于效力待定的类型。这一点在我国目前的司法实践中也得到了证实。[③] 但是，水平评价类职业资格毕竟代表了一定的专业技术水平，由此看来，国家法律对非强制性的、民间性的职业资格应更加包容，这样有利于司法调节和构建市场化的职业资格证书制度。

（四）水平评价类职业资格对服务合同效力的影响

水平评价类职业资格对于服务合同的效力影响，相对于劳动合同应体现出更多的利于市场交易的特性。在我国，水平评价类职业资格虽然有时由带有半行政属性的鉴定机构完成，但是与准入类职业资格却有本质的差异，这样的资格应属于合同的重要内容和签订时的主要条件，却并非一定会"损害国家利

---

① 郑尚元. 雇佣关系调整的法律分界——民法与劳动法调整雇佣类合同关系的制度与理念 [J]. 中国法学，2005（3）：84—88.

② 李敏华. 劳动契约自由规制及其实施研究 [M]. 北京：北京大学出版社，2015.

③ 《重庆市第一中级人民法院民事裁定书》（2017）渝 01 民特 984 号："……是否具有经纪人资格亦不足以影响本案的公正裁决。"

益",不属于《民法典》规定的无效的情形。因此,将欺诈条件下获得职业资格实施的职业资格身份认定为可撤销是合理的。另外,为防止当事人特别是职业资格服务对象随意以被"欺诈"之名提起撤销身份关系之诉,应对"欺诈"的内容和实质影响予以限制。因此,职业资格身份行为中之"欺诈"内容,应以与确立该职业资格身份关系的实质要素有密切联系,且已严重影响相对人(服务对象)实施相关身份行为的判断为限。比如,获取职业资格行为中"欺诈"内容之构成,必须与执业服务的状况有关联,若没有关联,则不必然导致供职或执业服务关系的撤销。欺诈人(职业资格申请人)单纯地隐瞒或虚构自己的部分身份信息,虽被欺诈人(服务对象)在知晓实情后可能不会与之缔结劳动或服务合约,但该欺诈内容与执业行为并无实质性关联,亦不构成行政许可法或行业自治规制条文中之"欺诈"。①

---

① 〔德〕汉斯·贝恩德·舍费尔,克劳斯·奥特. 民法的经济分析 [M]. 江清云,杜涛,译. 北京:法律出版社,2009.

第四章　职业资格证书制度的私法化

第一节　职业资格证书制度与劳动力市场化配置

一、对职业资格证书制度的传统认识

（一）保障公共利益

在前文我们已经提到了，公共利益是对职业自由权限制的正当性理由。反过来说，保障公共利益其实也是职业资格证书制度的重要价值。从 19 世纪末开始，市场经济发展到了相当的水平，人类社会经济生活发生了深刻变化。首先是机械化逐渐代替简单的手工劳作，这导致了生产组织方式的巨大变革，以大公司、大企业为代表的生产者取代了传统的手工业者和小作坊主。在商品交易环节，大企业、大公司相对于普通的消费者处于绝对的优势地位；另外科学发展，技术日新月异，职业分工高度精细化、专业化使得普通消费者在采购产品或购买服务时很难判断其品质；现代广告业的普及和新媒体的发端，使商品和服务的生产者、销售者广泛运用各种广告和推广手段来促进商品的销售。面对眼花缭乱和铺天盖地的广告与信息的大爆炸，作为普通公众的消费者收集、处理和判断各种信息的成本大幅增加。基于以上新的变化，我们判断在高度发达的市场商品经济条件下，今天的生产者早已不再是当初的小生产者，其与消费者之间的关系发生了巨大的变化，成为一种支配与被支配的关系。虽然建立了各种消费者组织，但是消费者仍然缺乏组织性。作为民法制度、理论的基石，判断主体之间的平等似乎已经被证伪。公众服务的提供者与普通公众之间的信息不对称由来已久，而且随着科技的日新月异，社会分工不断调整，消费过程中的信息不对称仍将长期是自然人扮演的普通买方的主要弱势因素。这种

信息不对称的日益加剧促使世界各国都先后通过立法对消费者权益给予特别的保护。除了传统的消费者权益保护立法外，职业资格证书制度也成为消除信息不对称的弊端，保护以普通雇主和消费者为代表的人群的公共利益的重要制度安排。

（二）劳动资源配置工具

1. 人才评价

对劳动力的技能或能力的评价既是职业资格证书制度的功能，也是制度建立的基础。它是以职业分类为基础，根据职业（行业）的具体要求而建立的一套相对统一的标准，通过考试、考核等相关手段对劳动力的技能水平做出评价，而这种评价可以为用人方在劳动力市场选择适合自己需求的人才提供科学依据。

2. 资源配置

职业资格证书制度为劳动力的"产权"和"质量"提供了标识，这为劳动力作为生产要素在劳动力市场的自由流转提供了可能性，使劳动力资源得以合理配置和充分利用，使一个地区乃至一个国家劳动力的供给与需求趋于动态平衡，使劳动力的种类、数量、质量和能力结构与社会的产业结构、技术结构和职业结构保持相对的一致性，这种以市场为导向的流转促成了劳动力资源的合理配置。同时，职业资格证书制度还将劳动者、行业协会、用人单位和职业教育培训体系联系起来，扮演了劳动力资源市场的"平衡器"。它还将优质的劳动力资源信息向用人单位传递，反过来又将用人单位的需求向职业继续教育体系反馈。[1]

二、职业资格证书制度对人力市场管制的多重意义

（一）人才评价功能

在发达国家建立初期，职业资格证书制度的主要目的是消除传统生产方式转变后的信息不对称。而在我国，职业资格证书制度的建立却是在市场经济的

---

[1] 张涵. 新世纪我国职业资格证书制度发展对策的研究 [D]. 南京：东南大学，2009.

背景下，取代计划经济体制下的工人技术等级标准制度的一项外生制度。既然是为了取代原有的工人技术等级制度，时代赋予当时的职业资格证书制度的主要使命其实就是人才评价。职业资格是在职业分类的基础上建立的全国统一的职业资格标准，其发挥了对专业技术人员、技能从业或执业的标尺作用，也为科学、合理评价和使用专业人才提供重要依据。[①] 2000 年印发的《招用技术工种从业人员规定》第三条还规定国家实行职业资格证书制度，由经过劳动保障行政部门批准的考核鉴定机构对劳动者实施职业技能考核鉴定。国家职业资格分为初级（五级）、中级（四级）、高级（三级）、技师（二级）、高级技师（一级）。虽然该文件因 2013 年启动国家行政体制改革于 2015 年废止[②]，但是职业资格证书仍然是我国劳动力市场上人才评价的重要依据，职业资格证书制度也依然在很大程度上发挥着人才评价的作用，《国家职业资格目录》仍然保留了约 99 项评价类职业资格。

（二）劳动者收入改善

职业资格证书制度建立的主要理论基础是保护公共利益、调配劳动力资源，这是目前已经形成的共识。但是职业资格证书对改善劳动者收入的效应的产生机制却存在一定的争议。伴随职业资格的出现，早期的"个人利益"理论就认为，相关行业的从业人员为了个人利益，人为设置障碍，限制后来进入本行业的人员，造成供给不足，从而达到提高收入的目的。更晚出现的"公共利益"理论则认为生产方式转变带来的消费者对信息不对称的担心是职业资格证书制度出现的根本原因，消费者偏爱质量更好的商品或服务，从而促使从业人员在提高从业技能和服务质量方面加大投入，加大投入恰好增加了劳动者的人力资本，最终带来持有职业资格证书的从业人员收入的改善。2010 年，美国学者 Morris M. Kleiner 和 Alan B. Krueger 在分析盖洛普（Gallup）在美国的调查数据后也再次证实了"职业资格和工会一样都可以提高劳动者收入"；我国学者在借鉴国外理论的基础上，2003 年和 2006 年对全国城市居民进行综合社会调查，通过对设计的"收入回归模型"进行分析后得出判断：一是持有职业资格证书对从业者收入具有正向效应；二是随着从业人员持有职业资格证

---

① 吕忠民. 职业资格制度概论［M］. 北京：中国人事出版社，2011.
② 人力资源和社会保障部：《关于废止〈招用技术工种从业人员规定〉的决定》（第 26 号），2015。

书等级的提高、持有证书数量的增加，从业者的收入显著提高。① 另外，日本学者也通过对日本的原始数据分析得出职业资格证书和其他证书在日本劳动力市场占有很大的份额，尤其是职业资格证书与劳动力市场有着较强的附着关系且对个人工资有着正向的影响。

（三）维护劳动力市场稳定发展和社会和谐

身份在古代社会中起到了维护社会秩序稳定的作用，同样的，在现代社会中，职业资格证书制度同样可以维护劳动力市场秩序的相对稳定，同时还能够对构建和谐社会发挥积极作用。建立科学的职业资格体系一方面可以有序地引导劳动力的流动；另一方面还可以使相关职业特别是涉及公共利益的职业的劳动群体相对稳定，构建适应社会需求的劳动力结构层次，最终实现社会结构的稳定与和谐。例如我国正由粗放型经济增长方式向集约型经济增长方式发展转变，体现在产业发展方向上即由以第一产业为主向第二、三产业发展为主转变。在这一转变过程中，高科技产业比重不断上升，对劳动力素质和技能的要求也因此越来越高，随着产业升级的不断深入，劳动力结构与产业升级趋势不契合的矛盾日益凸显。一方面低层次、低技术含量的劳动力相对过剩，造成很多这部分人员长期没有工作或工作严重不饱和；另一方面，在高层次、高技术含量的劳动力市场中，劳动力严重供给不足，而高层次、高素质的人才正是推动产业升级发展的重要资源。② 现代社会通过职业资格证书制度相关规定对具有职业资格的特殊身份的群体的权利行使予以规制、利益予以保护，将从观念上改变人们对职业资格证书制度乃至身份价值的认识。

（四）促进人力资本投资的价值观的形成

美国人舒尔茨在《人力资本投资》中指出：人在知识、技能、健康等方面的提高，对经济增长的贡献比物质资本和劳动力数量的增加更重要。在实行市场经济体制的大背景下，各种资源包括人力资源的配置应主要通过市场化手段来完成。人力资本作为参与市场主体的主要生产要素，随着生产方式的转变和产业升级，会越来越重要。而对于人力资本的投入，将成为个人、组织甚至国家在经济全球化的今天是否掌握话语权或发展先机的决定性因素。国家层面往

---

① 李雪，钱晓烨，迟巍. 职业资格认证能提高就业者的工资收入吗？——对职业资格认证收入效应的实证分析 [J]. 管理世界，2012（9）：100－109.

② 张雅. 劳动力匹配视角下我国产业升级困境剖析 [J]. 商业经济研究，2017（10）：177－179.

往通过教育培训投入和政策扶持来实现宏观上的人力资本投入和积累；对社会组织和企业来说，人的因素也将是决定企业是否处于领先位置的关键；对于劳动者个体来说，人力资本投入是获得更多的就业机会、争取更好报酬的先决条件。职业资格证书制度恰好把国家、组织、劳动者个人联系到一起，科学配置并正常运行的职业资格证书制度能促成国家、组织和个人共赢的局面，从而逐步在国家、社会形成持续树立人力资本投资的价值观。对劳动者个体来说，通过学习考核获得职业资格身份不是等级的体现，反而是为了促进人人平等价值观的形成。事实证明，简单强调人与人之间的绝对平等，反而易导致实际上因为人与人之间的多方面差异造成实质的不平等，阻碍社会的发展。只有完善职业资格证书制度，同时对职业资格身份的身份权行使适当规制，运用法律规范对其进行调整，才能使职业资格认证的负面作用降低甚至消失，从而实现实质的自由、平等。建立职业资格证书制度，是为了强化人人平等的观念，通过规范使身份的缺陷得以弥补，消除信息不对称，反对没有限制的职业自由，人们更能体会出社会的正义性、公平性、平等性，更能充分认识到人人平等的深刻内涵。

（五）职业资格证书制度与公众利益

职业资格许可和认证制度是我国发展社会主义市场经济条件下实施的，是计划经济体制向市场经济体制转型的产物，也是我国人才短缺的一种表现。通过政府制定职业资格许可和认证，旨在通过必要的培训和自学，引导一些行业急需的人才快速成长。[①] 这是被普遍接受的我国职业资格证书制度建设的时代背景和目的。但是，最先建立职业资格证书制度的发达国家建立制度时赋予制度的首要价值却是保障公共利益。由此可见，在制度移植进入我国时，我们更多关注的是其经济效用，甚至对制度的改革更多也是强调通过改革来改善制度的经济效益。其实在本书上一章已经介绍了公共利益在法理上是设置职业资格认证的唯一正当性理由。所以说回归职业资格制度的建立基础，其核心价值才是制度存续的生命力所在，人才评价也好，收入改善也罢，制度之于公共利益的保障更应当是职业资格制度建设和改革的最重要标准。公共利益也应当是市场管制的价值和精神层面的出发点和落脚点，在做出这样的价值判断后，再来谈论其改善人才评价和提高收入功能的发挥，才能更好地处理职业资格证书制度改革的主次关系和始末关系。

---

① 曹晔，盛子强. 我国职业资格证书制度的历史、现状与趋势［J］. 职教论坛，2015（1）：73.

三、制度改革应与劳动力市场的效率和质量挂钩

（一）职业资格证书制度改革与劳动力市场交易效率

我们尝试将职业资格证书制度与商事登记制度比较，发现它们有相似的作用机理。在商事交易中，交易当事人均有了解对方能力、资金、权限等各种重要信息的要求。但依靠交易一方去了解另外一方的信息总会遇到各种障碍，因此需要考虑收集信息的成本投入。首先，商事登记制度在很大程度上缓解了交易环节收集信息的问题。可见将公示信息情况制度化对商事登记制度本身和商事交易都极其重要，商事登记所具有的公示功能为维护各种未来的交易安全提供有效保障。其次，商事登记还通过立法规定了各种交易违法行为的法律责任。我国《公司登记管理条例》通过第十一章专章共十六个条文，对登记申报人以及登记机关的各种违法及渎职行为规定了十分严厉的行政责任和刑事责任。如第六十六条规定：虚报注册资本，取得公司登记的，由公司登记机关责令改正，处以虚报注册资本金额5％以上15％以下罚款。情节严重的，撤销公司登记，吊销公司营业执照。构成犯罪的，依法追究刑事责任。第七十五条规定：公司登记机关对不符合规定条件的公司登记申请予以登记，情节严重的，对直接负责的主管人员和其他直接责任人员依法给予行政处分。上级公司登记机关强令下级公司登记机关对不符合规定条件的公司登记申请予以登记的，或者对违法登记进行包庇的，对直接负责的主管人员和其他直接责任人员依法给予行政处分。构成犯罪的，依法追究刑事责任。通过立法强化登记申请人及登记主管机构和其相关工作人员的责任，有助于从制度上保证登记内容的真实、合法，进而为交易相对人合理预测风险与主张补偿提供保障。

职业资格证书制度的设计模式与商事登记制度有很大的相似性，其发挥作用的方式也有异曲同工之处。我国已经初步建立了相应的制度，由相关部门或机构向符合条件的申请者授予职业资格证书。《职业资格证书制度暂行办法》第十七条规定：执业资格实行注册登记制度。注册是对专业技术人员执业管理的重要手段。未经注册者，不得使用相应名称和从事有关业务。国务院有关业务主管部门为执业资格的注册管理机构。各省、自治区、直辖市业务主管部门负责审核、注册，并报国务院业务主管部门备案。各省、自治区、直辖市人事（职改）部门负责对注册工作的监督、检查。可见执业资格实行的注册登记制度与商事登记制度都是通过制度的公示功能为维护未来交易安全、劳动力流动

或劳动质量水平标识提供有效保障的。

(二)职业资格证书制度改革与促进劳动力流动

党的十九大报告赋予职业资格证书制度改革的任务一方面是强调要"破除妨碍劳动力、人才社会性流动的体制机制弊端";另一方面又指出要"大规模开展职业技能培训,注重解决结构性就业矛盾","实现更高质量和更充分就业"。依法削减不合时宜的职业资格认证,是破除妨碍劳动力、人才流动障碍的制度改革举措。构建科学的职业资格认证体系,对劳动力职业结构进行引导、配合职业培训提高就业质量成为时代赋予职业资格证书制度的价值。通常,对劳动力和社会人才流动产生影响的因素大致可以分为两大类:一类是外在因素即宏观因素,例如国家政策、城市化水平、产业结构变化、生产技术水平、地区与行业发展的不平衡等;另一类是内在因素即微观因素,如从业人员的教育水平、性别、个体人力资本水平等,均对从业人员的流动有着直接和间接的影响。① 适当的劳动力流动往往都会带来积极的影响,学者们通过研究发现的积极因素包含提高教育收益率(吴克明、田永坡,2008)、从业人员的收入再分配(管晓明,2006)和总体的经济效率(钟笑寒,2006),对工资和劳动报酬都有显著的提升作用(周喆、刘斌、刘志成,2012;彭文慧,2014);有效促进了流入地经济的发展(杨胜利、高向东,2012)。可见,通过职业资格证书制度的改革,可以对劳动力流动起到促进作用。但是解决结构性就业矛盾、提高就业质量仅仅通过削减职业资格认证还无法实现。职业资格证书制度改革应与继续教育制度改革和其他劳动就业政策改革进行联动,进行系统化的改革应该是职业资格证书制度改革的发展方向。

(三)职业资格证书制度改革与高质量就业

党的十九大报告还指出应提高就业质量和人民收入水平。就业是最大的民生。要坚持就业优先战略和积极就业政策。大规模开展职业技能培训,注重解决结构性就业矛盾,鼓励创业带动就业。破除妨碍劳动力、人才社会性流动的体制机制弊端,使人人都有通过辛勤劳动实现自身发展的机会。完善政府、工会、企业共同参与的协商协调机制,构建和谐劳动关系。

党的十九大报告还明确提出了"要提高就业质量",显然任何一项劳动制

---

① 杜玲毓,孙健敏. 中国情境下的从业人员流动研究评述 [J]. 现代管理科学,2019 (2):94—96.

度改革的设计都需要以就业质量提高作为改革目标来考量。然而"就业质量"一词却涵盖了非常多的要素，我国对其研究还不够深入。国外有学者认为就业质量包含劳动者的工作效率、职业与专业匹配度、薪酬机制等方面内容（Maslow，1943；Weber，1947；Fayol，1949），也有学者认为其包含劳动力市场运行效率、资源配置效率、劳动力供求状况、公共服务质量等（Beked，1967；Schultz，1964）。随着对就业质量的衡量越来越强调人的主体地位，体面劳动的概念在20世纪末被提出，其强调劳动者在获得自由、平等、安全、尊严的条件下获得体面而高效的工作。《国际劳工组织社会公正公平的全球化宣言》（2008年）明确了体面劳动涉及的主要内容：国际劳工标准、基本权利原则、创造就业、社会保障、社会对话以及三方机制。就业质量与体面劳动是相近的概念，从劳动者的角度来看是指和劳动者个体相关的劳动报酬、工作时间、工作环境和条件保障等；但是从管理者或国家行政的角度来看，劳动质量则更多地看重工作的效率和对社会的产出等方面的要素。第18届国际劳工统计学家大会于2008年召开，会议一项重要内容就是确立体面劳动指标框架，框架采用了71个统计类指标（定量分析）和21个法律类指标（定性分析），归类为10组独立要素和1个关于经济和社会领域的要素。笔者收集了目前国际上广泛使用和相对具有代表性的就业质量指标，如表4—1所示[①]。

表4-1　部分国家（组织）就业质量指标

国家（组织）	就业质量指标
美国	工作收入、工作稳定性、工作满意度
加拿大	沟通机会和员工意见影响力、工作中计算机使用、工作报酬、工作稳定度、工作设计、工作环境、工作时间、工作关系、工作需要、工作与生活之间的平衡、薪水、技能培训、工会指标、国际比照、性别与工作质量、不同地区工作生活平衡程度的比较
新西兰	工作外的特征、工作内的特征、其他特征、更广泛的劳动力市场状况
德国	就业安全与道德、就业收入和福利、工作与生活平衡、就业安全和社会保障、社会对话、技能培训、雇佣关系和工作动机
瑞士	生理和心理风险、收入和工资、工作与生活平衡、就业岗位安全、社会对话、技能培训、就业相关和工作动机

---

① 苏丽锋. 中国转型时期就业质量研究［M］. 北京：社会科学文献出版社，2015.

国家（组织）	就业质量指标
UNECE（United Nations Economic Commission for Europe）	劳动安全与规范、劳动报酬、工作时间及工作与生活平衡点、工作稳定性与社会保护、社会对话、技能培训与发展、员工关系及动机
CNPS（Canadian Non－Profit Sections）	外部奖赏、内在动力、工作关系、工时、组织结构、技术使用和提升、工作设计、健康和安全

以上衡量指标既包括了主观评价的内容，也包括客观可衡量的部分，必须从全面衡量的角度来看指标的变化情况。由此可见，体面劳动和就业质量两种体系有其相似、相通之处。目前，已有部分国家在开展对本国的就业质量测量时分别借鉴这两种不同的框架，当然在借鉴和运用过程中，这些国家也会对指标进行选择性的使用和调整，以期更加贴近本国的就业现状。反过来看，正是通过将这样的框架体系在不同国家的应用，框架体系和测量统计方法自身又得到了不断发展和完善，很多指标就是在实践中实现了不断的丰富和补充。

笔者认为，就业质量本应包含主客观两种因素，既包含国家、地区的经济发展水平、就业弹性、就业结构、就业环境、就业能力和社会保护等客观因素，也包括劳动者对工作总体评价和感受的主观因素。表4－1中的就业质量指标其实也包含主观性指标和客观性指标，主观性指标如工作满意度、心理风险、员工关系及动机，但更多的是诸如收入、报酬、培训机会、工作环境等客观性因素。当然，不同时期、不同经济和社会发展阶段，经济发展总会对就业决定机制和劳资矛盾产生极大的影响，我国的职业资格证书制度的建设改革就是经济对劳动机制施加影响的印证。具体而言，我国职业资格证书制度的发展到目前为止也经历了三个阶段（本书第一章已介绍了第一、第二阶段，即发展阶段和改革清理阶段；现在正步入第三个阶段，即深入改革阶段）。虽然官方并未定义过我国职业资格证书制度发展经历的阶段，在2017年公布《进一步减少和规范职业资格许可和认定事项的改革方案》后，未有新的文件颁布，但是党的十九大报告已经为我们职业资格证书制度的改革指明了方向，我们需要根据报告的精神对我们的职业资格证书制度改革重新进行审视。报告一方面指出要破除妨碍劳动力、人才社会性流动的体制机制弊端，要坚决继续清理那些不合时宜、没有法律依据或者有法律依据但是缺乏正当性理由而设置的职业资格，彻底破除阻碍劳动力发展的藩篱；另一方面还强调了要"提高就业质量"，如何提高就业质量的难题急需我们破解。

提高就业质量不是一项孤立的工作，需要各方联动，也需要各种体制机制的配合。就业质量往往涉及工会、企业联合会等多个部门，以及各个行业、企业等社会组织和机构乃至劳动者本身，并不是哪个部门可以独立完成的，需要各个方面形成合力，共同推进。据悉人力资源和社会保障部就业促进会已组织完成了就业质量评估指标框架研究，劳动关系司也在牵头组织部分省份推动"和谐劳动关系园区"试点工作。企业联合会完成了《中国企业发展报告》，对500强企业按照国际通行的程序和方法进行分析；全国总工会也开展了"劳动者就业能力指数"研究；国家统计局也开始着手研讨就业质量相关测量统计问题。一些高校、科研院所也在围绕就业质量开展相关的学术研究。我们不难发现劳动就业、职业培训、工资标准三项重要的指标均与职业资格证书制度紧密相关，而职业培训本来就是职业资格证书制度的一项重要内容，而职业资格对劳动就业的促进和对工资收入的提高（特别是中低收入水平的劳动者）正相关，这在本书前面部分已经有介绍。本书将在最后一章介绍笔者对如何建设职业资格证书制度以提高我国的就业质量的建议。

（四）职业资格证书制度改革与就业安全

职业资格证书制度的改革，可视为在市场经济条件下，逐渐取消传统的劳动力资源配置方式，转而采用市场导向的劳动力资源配置方式。但是，在这一轮改革和调整后，职业资格项目数量减少的同时，我们也需要注意一些问题：一是目前并没有对制度调整后的就业影响做深入分析，二是劳动力市场反应的滞后性使得改革的成果和问题还没有充分显现。通常情况下，市场调节有它的先天优势，也有必然的不足。与发达、成熟的市场经济国家相比，以往存在的职业资格取消后，我国难免出现"机制真空"或"机制胶着"，传统的就业依赖和就业习惯，加之产业调整升级与市场发育不够健全和完善的因素，很可能引发就业安全和就业风险问题。[①] 如何在以市场为导向的同时对劳动力的流向进行合理引导，从而在转型期实现就业安全也是我们必须面对的课题。我国目前的市场并非理想化的充分竞争的自由市场，受信息不对称、劳动力要素的非同质性、外部效应、劳动目的多元性等因素影响，无论在现实的经济运行中，还是在劳动力市场运行中，市场机制的作用必将受制于各种因素的影响，从而导致某些情况下市场配置劳动力资源的失效。

笔者认为，目前依然在进行中的职业资格证书制度的改革有必要从简单的"数字变化"改革向更深更科学的方向发展。我们既要重视职业资格证书制度

---

① 李秋红. 我国转型期就业安全研究［M］. 北京：经济科学出版社，2011.

本身的传统价值，也要警醒职业资格的设置有可能对"自由""职业自由"的不当限制，更要分清职业资格制度内部的一些基本概念如"执业资格"（即"准入类职业资格"）与"从业资格"（即"水平评价类职业资格"）的区别，概念区别的背后是它们在劳动力市场和维护"公共利益"作用发挥中扮演的不同角色。对于准入类职业资格，非因必需的法定理由、法定程序不能设置，如界定清晰的"公共利益"；对已经设置但情况发生了变化的，也需要及时依据程序调整、取消；对没有设置的，如理由充分，经过法定程序也可以设立。对于水平评价类职业资格，并非越少越好，我们改革前的问题是这些证书太泛滥，没有得到劳动力市场的认可，现在数量的确减少了，但是市场认可的这类职业资格依然没有增加和建立起来，我们需要解决的问题是如何建立市场普遍认可的水平评价类职业资格，而不是全盘否定职业资格证书制度的评价功能。因此，劳动力资源配置应该是多元的而非一元的，既要保证市场机制充分发挥作用，也要发挥政府的宏观调控和职业资格证书制度这样已经被世界主要工业化国家验证有效的机制的作用，弥补市场的缺陷。只有大力建设一批得到劳动力市场认可的水平评价类职业资格，才能真正更好发挥职业资格对劳动力市场的配置调配作用，也才有可能进一步实现市场主导与行政引导的有机结合。

四、职业资格证书制度改革与严控行政许可

国务院于 2007 年发布了《关于清理规范各类职业资格相关活动的通知》，并着手取消各部门制定的大量职业资格许可和认定事项，2014 年 6 月至 2016 年 11 月分 7 批取消了 400 余项职业资格的许可和认定事项。直至 2017 年 9 月，人力资源和社会保障部正式公示了国家职业资格目录清单共 140 项，清单外一律不得设定职业资格许可和认定事项。2019 年 1 月，人力资源和社会保障部又公布了《国家职业资格目录》。党的十九大报告指出，要建设中国特色社会主义法治体系，建设社会主义法治国家，发展中国特色社会主义法治理论，坚持依法治国、依法执政、依法行政共同推进，坚持法治国家、法治政府、法治社会一体建设。深化职业资格证书制度改革必须沿着坚持全面依法治国的路径前行，无论职业资格的设定还是取消，都必须做到有法可循、依法行政。

（一）职业资格证书制度改革与设定准入类职业资格

1. 设定准入类职业资格的法定条件

本书第一章已经简单梳理了我国职业资格证书制度相关的法律法规，在目前没有针对职业资格证书制度专门法律的背景下，《行政许可法》的相关规定可视为准入类行政许可的最直接的法律依据。关于职业资格设定的法定条件，可适用《行政许可法》第十二条规定：可以设定行政许可的条件包括第一项"直接涉及国家安全、公共安全、经济宏观调控、生态环境保护以及直接关系人身健康、生命财产安全等特定活动，需要按照法定条件予以批准的事项"，第三项"提供公众服务并且直接关系公共利益的职业、行业，需要确定具备特殊信誉、特殊条件或者特殊技能等资格、资质的事项"。在人力资源和社会保障部先后于2017年和2019年公布的《国家职业资格目录》中，可以看到目前所有的准入类职业资格都是通过法律或行政法规设定的，从程序上认定了这些职业资格设定具备相应的法定条件。

2. 设定准入类职业资格的主体

《行政许可法》第十五条可视为关于职业资格设定主体的法律规定，该条文规定"本法第十二条所列事项，尚未制定法律、行政法规的，地方性法规可以设定行政许可；尚未制定法律、行政法规和地方性法规的，因行政管理的需要，确需立即实施行政许可的，省、自治区、直辖市人民政府规章可以设定临时性的行政许可"。其实《进一步减少和规范职业资格许可和认定事项的改革方案》指出的"坚持经国务院同意的减少和规范职业资格许可和认定事项的'四个取消'原则，即取消国务院部门设置的没有法律、法规或国务院决定作为依据的准入类职业资格"是对《行政许可法》上述规定的再次重申。

（二）职业资格证书制度改革与撤销准入类职业资格

关于职业资格的撤销，可以适用《行政许可法》中的规定主要有第八条和第六十九条。第八条是针对依法设立的行政许可的规定，"公民、法人或者其他组织依法取得的行政许可受法律保护，行政机关不得擅自改变已经生效的行政许可。行政许可所依据的法律、法规、规章修改或者废止，或者准予行政许可所依据的客观情况发生重大变化的，为了公共利益的需要，行政机关可以依法变更或者撤回已经生效的行政许可。由此给公民、法人或者其他组织造成财产损失的，行政机关应当依法给予补偿"。第六十九条是针对利害关系人可以申请撤销行政许可的具体情形的规定。可见职业资格证书制度的改革主要是关于职业资格的设定和撤销，但是无论理论还是实践，都更关注职业资格的设定环节，在改革的过程中，大量的职业资格被撤销和归并，然而关于撤销的相关程序性规定却并不完善。撤销涉及的相关利益主体（尤其是通过正当程序获得职业资格的从业人员）的意见是否得到了足够的重视，其合法权益是否得到了相应的补偿应该是接下来的改革中需要重视之处。

第二节　职业资格证书制度改革与制度效能

一、职业资格证书制度管理模式对比分析

（一）政府集中管理模式

目前，我国的职业资格管理主要属于集中管理模式。政府集中管理模式是指政府设立集中的管理组织机构，授予这些机构权力来管理职业资格，与职业资格相关的培训、鉴定、考试、证书发放等主要环节均由政府部门主导进行，而职业资格的公信力也主要来源和依靠于政府的保障，职业资格的市场化管理作用非常有限，政府与市场仅通过十分有限的沟通来实现对职业资格的动态管理。在这样的集中管理模式下，职业资格框架运行中涉及的所有重要权力均由政府行政掌控，在职业资格执行过程中仅仅在政府内部不同部门与部门之间、不同层级之间进行管理权力和责任的分配。在政府集中管理模式下，理论上可以通过政府对相关行政权限的严格把控，防止职业利益相关方出于自身利益需要而设置职业资格，然后通过举办培训班或者实施鉴定获得高额利益，开展职业资格的监管可以通过行政命令的方式来实施。另外，由于职业资格与产业发展之间存在非常密切的关系，国家出于管理和产业引导的原因往往需要依据产业需求的变化来调整职业资格的设置范围、标准等。在采用政府集中管理的模式时，由于管理的各项权限掌握在政府部门手中，政府通过行政命令的方式管理更为便捷；但是，政府在回应产业需求时常常不及市场自身灵敏，在职业资格管理的有效性和公信力建立方面可能存在一定的风险。

（二）市场分散化管理模式

市场分散化管理模式，顾名思义，是与政府集中管理模式相对的一种模式。它是指职业资格的管理主体由企业和行业协会等社会组织构成，通常由某一行业内部居于领军地位的企业抑或是行业协会根据市场需求来设立职业资格。职业资格相关的培训、考试、鉴定、证书发放等环节也由他们主导，仅需要在政府相关部门进行备案即可，政府则只需负责准入类职业资格的管理和整个职业资格的监管，职业资格的公信力主要来源于市场（包括劳动者和企业等雇主）选择以及由此形成的信誉、口碑。正因为这种模式刚好与政府集中管理模式相对应，所以将相关管理权限下放给市场，在回应产业需求反应灵敏度上有着较为明显的优势，能更好地发挥市场主体自身的能动性。但是，这种模式同样也存在一些局限：一是对市场环境的成熟度要求较高，在这种模式下，对于职业资格各利益相关方的监督约束主要依靠市场自发形成的声誉机制和淘汰机制，辅以政府监管。这对市场上各行为主体以及信息搜集机制、信用评价机制等都有着很高的要求，往往只有在市场机制更加健全的国家才能取得好的实践效果。二是在缺乏必要的宏观的、统筹的规划和引导的情况下，完全交由市场自发管理职业资格，可能会造成一些强势主导性的团体将职业资格变成其维护既得利益和行业垄断地位的门槛和工具，违背职业资格制度设立的本意。

（三）政府与市场协同模式

显然，相对于前两种管理模式，政府与市场协同模式是政府集中管理模式与市场分散管理模式相融合的一种管理模式。在这种模式中，一般是政府与市场（协会）就职业资格的设立和淘汰形成制度性的沟通机制，比如培训、考试、鉴定、证书发放等环节由政府主导，但是在过程执行中可以通过政府购买服务等方式寻求与行业协会和领军企业的合作，并且还可接受劳动者的监督和建议，通过这种开放性的职业资格管理过程来保证职业资格的含金量。这种模式的特点是试图集中前两种模式的优势，规避其不足。政府与市场协同模式一方面可以最大限度地发挥市场在职业资格设定、标准设置、培训和鉴定等方面的积极作用，保持职业资格与产业发展需求之间的有效衔接；另一方面也可以发挥政府在监管、规划方面的优势，使职业资格制度保持其创立本意，防止其被异化为利益集团的工具。这种模式的最大特征在于其开放性，即政府设立的职业资格的全过程最大限度地向社会开放，吸纳来自社会、市场以及劳动者对职业资格的要求和声音，政府与市场主体共荣共生，围绕着职业资格管理的各个环节、各项事务形成合作关系。立足于我国国情和职业资格制度改革的愿景,未来的职业资格治理也许应当朝着以政府与市场协同模式的方向发展。第一,我国采取政府主导职业资格管理方面的基本制度,很大程度是源于长期以来我国市场中介机构和行业协会组织发展水平低下的现实条件;第二,市场的需求是职业资格生命力的源泉,职业资格框架必须对市场和相关行业保持相当的开放性。但是,就我国行业组织的发展程度来说,也许在较长的时间里,行业组织在能力、监管以及生存环境方面都还有较大的发展空间,所以相较于政府部门直接管理,行业协会在职业资格框架的管理中处于参与地位。①

二、国内外职业资格证书制度评估分析机制比较

(一)国外职业资格证书制度评估分析

发达国家的职业资格管理多数是通过行业协会实施的,究其原因一方面是有行业协会自治这样的历史传统的传承,另一方面是这些国家通过行政许可规制的成本评估做出的理性选择。虽然世界各国普遍将行政许可的规制作为一种重要措施和手段来实现对经济发展和社会的管理调控,但是结果往往适得其反,出现政府规制不断增多,导致劳动力市场僵化和调控效果低下的情形。具体到职业资格领域,是政府通过行政许可的方式来规制,还是交由行业协会自律,可以通过规制分析来做出相对合理的判断和安排。20世纪70年代末,美国率先开始实行规制影响分析制度(主体以成本收益分析为主),目前已经形成了较为完善的制度。规制影响分析在不同国家的实践情况不同,采用的名称也不尽相同,譬如加拿大称其为"规制影响分析说明",美国使用的是"成本收益分析"或者"规制分析",英国使用的是"规制遵从成本评估"(Compliance Cost Assessment,CCA),德国采用的是"立法效果评估"。② 其他国家、地区如澳大利亚、日本、欧盟也都先后在政策评价框架体系下开始行政许可规制的分析制度。如前文所述,职业资格证书制度构建基础部分来自行政许可,对职业资格证书制度的影响分析实则是对行政许可制度影响分析不可或缺的一部分。对行政许可制度涉及职业认证部分进行影响分析具有重要意义:一是可以提升设置职业资格的质量,在各种备选方案中做出最优选择;二

---

① 韩巍. 职业资格框架改革:目标、模式与原则 [J]. 人才资源开发,2016(5):36—37.
② 吴浩,李向东. 国外规制影响分析制度 [M]. 北京:中国法制出版社,2010.

是可以通过透明、协商和多方参与的方式整合实现多元目标；三是改进立法和资格设置的过程，从而推进职业资格证书制度相关程序法的持续发展。

目前世界各国的行政许可影响分析框架和模式不尽相同，但是概括起来主要包含以下几个方面：第一是各国采用的分析方法各有差异，有些偏重分析行政许可取得的效果，有些侧重于国家行政支出、行政成本，另外还有些则更关注市场主体的守法成本。总而言之，即便不是所有国家都已建立起了如美国一样严格的成本收益分析制度，但是各国均在向考虑更宽泛的直接或间接成本、效益和成本这些因素的方法靠拢。第二是在审查机构方面，各国负责规制影响分析的审查机构不尽相同。[①] 但是，多数国家还是为此建立了专门的审查机构，研究发现没有建立专门机构的情形和原因大多与各国行政体制有极大的关联。这些专门机构可能隶属于产业、经济和商业部门，有的则被安排在预算与公共管理部门中，也有的设置在内阁办公室，有的放在审计办公室，当然也有没有另设主管机关而采用规制机关本身进行评估的，如奥地利、芬兰。[②] 总体而言，这些机构离掌管经费支出的部门越近，就越能重视规制影响分析。同时，各个行政许可部门建立自己内部的规制影响分析也是非常必要的。用集中与分权的理论来看，如果由负责行政事项的政府职能部门全部自己操办，自然会导致缺乏足够监督；但是完全由一个独立的专门机构来负责规制影响分析又未免有些脱离现实。[③] 第三是对于影响分析的适用范围，有些国家通过法律方式来明确，有的采用层级相对更低的一些规定来实现，有的国家则兼而有之，做出什么样的选择和安排与国家的权力架构和体制有很大的关系。不同国家对适用规制影响分析的要求强度也不尽相同，有的采用刚性的要求，有的则是选择性的规定，譬如加拿大只是在其《法定文件法》（*Statutory Instruments Act*）中要求了对"法规"进行规制影响分析而并未直接对行政许可做出要求；而美国规定行政机构为那些对消费者、私营企业和各级政府产生重大经济影响的监管规章提供一份监管分析的说明，说明的内容包括对具体问题的描述、不同方案的识别、监管产生潜在的经济影响和选择监管法案的详细原因，如卡特总统签署的12044号行政命令《改善政府规制》。其中，重大经济影响的规章是指产生的年度经济影响至少为一亿美元，或者给企业、政府的消费成本带来明显提高的规定。第四是行政许可的步骤。各国对于行政许可所采用的步骤也

① 吴浩，李向东. 国外规制影响分析制度［M］. 北京：中国法制出版社，2010.

② 刘继虎，王红霞. 迈向科学的监管建制——管制影响分析之域外实践与本土化进路［M］//江必新. 行政规制论丛（2009卷）. 北京：法律出版社，2009.

③ 吴浩，李向东. 国外规制影响分析制度［M］. 北京：中国法制出版社，2010.

有一些差异，但是主要包含评估许可必要性、评估可替代性方案、评估收入成本合理性、评估拟制定的法规对公民及其他社会主体的消极影响等。第五是向公众公布行政许可的影响分析情况。有的国家会听取意见并公布影响结果，也有的国家并没有公布结果，但是越来越公开透明是行政许可在程序方面的发展趋势。

（二）我国职业资格设置评价分析

目前我国的《国家职业资格目录》将行政许可类职业资格和评价类职业资格一起纳入了国家行政规制的范畴，行政许可类职业资格的设置可以通过《行政许可法》来调整，而水平评价类职业资格却并无法律依据。与其他发达国家相比较，我国在实践中混淆了资格与评价的基本概念。我国《行政许可法》的颁布实施对推动职业资格证书制度走向成熟和规范具有积极的作用，但它只能解决准入类职业资格的正当性问题，并不能对其设置合理性发挥效用。从前文的介绍来看，我国规制影响分析的制度其实尚未建立。我国已公布了《国家职业资格目录》，但是对哪些事项要设立准入类职业资格，哪些事项要取消职业资格，却没有理性的分析和说理。

我国《行政许可法》第十一条对行政许可设定的合理化问题给予了一定的关注，明确了设定许可的原则；第十二条规定了可以设定职业资格的行政许可事项。同时《行政许可法》第十九至二十一条规定在一定程度上借鉴了西方发达国家规制缓和理论与规制影响分析的方法："起草法律草案、法规草案和省、自治区、直辖市人民政府规章草案，拟设定行政许可的，起草单位应当采取听证会、论证会等形式听取意见，并向制定机关说明设定该行政许可的必要性、对经济和社会可能产生的影响以及听取和采纳意见的情况。"这是对拟设定行政许可报告说明必要性、对经济和社会可能产生的影响的规定。"行政许可的设定机关应当定期对其设定的行政许可进行评价；对已设定的行政许可，认为通过本法第十三条所列方式能够解决的，应当对设定该行政许可的规定及时予以修改或者废止。行政许可的实施机关可以对已设定的行政许可的实施情况及存在的必要性适时进行评价，并将意见报告该行政许可的设定机关。公民、法人或者其他组织可以向行政许可的设定机关和实施机关就行政许可的设定和实施提出意见和建议。"这是对定期评价机制、报告机制和公民对行政许可的意见建议权的规定。"省、自治区、直辖市人民政府对行政法规设定的有关经济事务的行政许可，根据本行政区域经济和社会发展情况，认为通过本法第十三条所列方式能够解决的，报国务院批准后，可以在本行政区域内停止实施该行政许可。"这是对省、自治区、直辖市设置许可的范围和条件的规定。以上规定被有的学者称为中国行政许可的评价制度或实施评价制度。[①]

近年来，我国部分国家行政部门和省级政府在立法成本收益分析和法规规章实施情况的评估工作方面进行了探索，如宁波市的《关于对部分地方性法规设定的行政许可的评价报告》就是一种地方性行政许可评估。但是，我国目前已经出现的行政许可评价的主体往往是行政部门自己，并未引入第三方评价机制；除此之外评价指标也存在片面化问题，过多突出了经济性指标，评价时间也缺乏科学的考量。有的学者就指出行政许可评价在我国目前存在的问题包括对评价主体、程序、方法等核心因素认识不够，评价内容深度不够等，现实中总选择简单的法律法规加以评估，实效性与影响力均成问题。[②] 可喜的是决策者已经意识到了上述问题，2013 年印发的《国务院关于严格控制新设行政许可的通知》对"新设行政许可"做出"合法性、必要性和合理性审查论证"方面的相关要求，对"已设定的行政许可"做出了"加强跟踪评估、监督管理"的要求。不过，上述通知依然显得相对原则性，缺乏对合法性、必要性和合理性审查论证等方法论上的指导，另外也缺乏适用范围的规定，让人难免对后期的政策落实有所担心，公共公开制度的缺失也将影响职业资格认证的公信力。

三、制度改革从正当性走向追加性

职业资格证书制度改革的目的是保障劳动者的职业自由，还是促进市场劳动力效能发挥、维护公共利益，或是二者兼顾？我国的政府职能发生了什么样的变化，职业资格证书制度如何顺应这种变化并在制度设计上作出调适？职业资格证书制度的正当性何在，是单纯地符合形式法律规定的形式要件，还是要满足一些实质制度效能的追求，或是在整个职业资格证书制度牵涉的相关过程中充分吸纳公众的意见？中国职业资格证书制度的经济、社会、政治背景具有什么样的特殊性？中国职业资格证书制度的发展应当如何回应这种特殊性？本书试图通过分析研究上述问题，为职业资格证书制度改革厘清一些基本的改革思路。

---

① 陈柳裕. 行政许可评价问题研究——以《行政许可法》第 20 条的实施为中心 [J]. 当代经理人，2005（1）：1—3.

② 席涛. 立法评估：评估什么和如何评估（上）——以中国立法评估为例 [J]. 政法论坛，2012（5）：59—75.

（一）制度正当性补充

我们正在经历的职业资格证书制度改革，以削减职业资格设置、控制行政权、保障劳动者职业自由作为改革的核心任务，契合了中国政府职能转变和改革的需要，补上了近代法治主义未完成的课题，大力加强了对劳动者自由权利保护的现实需要。

传统观点认为依法行政主要是要求行政行为的合法性，但并不关注行为所依据的法律或规定的内容是否符合正义的要求，亦被称为"形式意义上的法治"。随着社会的发展，职业资格证书制度实施过程要求也越来越复杂，制度正当性的体现不仅是设置条件和法律依据的合法性，制度实施的全过程的适当性也应成为制度正当的考量范围。换言之，职业资格的设置除了设置的职业（岗位）条件（如为了公共利益）和法律依据必须具有正当性外，还必须将与职业资格设置等相关过程中的各种行为形式全盘纳入视野，而且应注重同一行政过程中各行为以及同一行为内部的各环节之间的关联性，对职业资格证书制度涉及的行政过程进行全面、动态的考察。

（二）制度最佳性追求

目前已经完成的职业资格证书制度改革主要局限于"合法性"的考量，而制度深化改革和发展的方向应当包括"合法性"和"最佳性"两个考量基点，实现"合法性"与"最佳性"的二维互动。中国职业资格证书制度的未来发展，不仅应关注政府权力的规制，还应关注制度服务社会的功能。要实现制度的"最佳性"则需要在价值导向上，已完成的改革强调权力控制和权利保障，未来制度的构建应强调制度理性、过程民主化和制度效能；在制度的功能定位上，此前的改革重防御性机能，此后的发展则应重形成性机能；在考量重点上，此前是消极地通过规制使其不违法，此后则应是积极地谋划制度的正当性和合理性；在保护法益上，此前以劳动者职业自由等个人权利保障为主，此后以整个社会的公益和制度福祉为主；在考量节点上，此前以公权力的公职人员的监督及司法审查的下游为主，此后以增加法政策学的分量为主；在基本构成上，此前包括行政机关职权法定、行政行为形式论、程序控权、司法审查和权利救济，此后应包括制度实施效果与制度设计构架的匹配、行政守法与规制工具的选择、程序设计与决策理性、司法政策功能与国家政策多元化。

第三节　职业资格证书制度规制责任重构

从市场经济的历史来看，有了市场就会有政府的规制。如何处理和协调市场与政府规制之间的关系，是市场经济国家无法回避的重大理论与现实问题。[①] 职业资格证书制度同样存在这样的问题，政府通过行政手段设置职业资格虽被视为应对劳动领域信息不对称的有效手段，但劳动力市场的发展逻辑和经验表明，行政化地设置职业资格的规制措施与市场经济一样，都经历了一个从肯定到否定再到否定之否定的发展过程，因为市场规制手段本身也存在风险，规制不足和规制过度是其重要表现。大量的职业资格被取消之后，为保障公共利益和劳动力市场的秩序，除了建立必要的监管制度外，完善相关的替代性制度亦十分重要。这些替代性制度包含市场和社会的自我规制、专业技术组织（中介组织）的作用、行业组织的自治管理、行政指导，最后实现一种"政府监督下的自我规制"。

一、市场规制理论引入职业资格制度市场化改革

（一）回应型理论

"回应型"的法律模式在 20 世纪 60 年代由美国的伯克利学派（Berkeley School）提出。伯克利学派提倡将自然法的研究进路引入法律社会学研究中，注重价值在法律推理过程中的指引作用，主张在正当程序的基础上，通过沟通协商，鼓励公民法律参与，提升法律机构能力，构建一种文明、权利本位、限制义务的理想化法律秩序，即回应型法律模式。"回应型"理论受到广泛关注，为 20 世纪 60 年代后美国的社会及法治改革提供了理论参考；同时，在我国的法治建设进程中，伯克利学派的观点也被我国学者引进、研究和借鉴。[②] 伯克利学派的研究方法主要体现了几大特点和成就：强调社会合力作用以及秩序发展偶然性的历史主义，通过对法律进化模式的分析，划分为压制型法、自治型

[①] 张红凤，杨慧. 规制经济学沿革的内在逻辑及发展方向 [J]. 中国社会科学，2011 (6)：56－66.

[②] 孟甜甜. 伯克利学派回应型法理论研究 [D]. 重庆：西南政法大学，2014.

法、回应型法三种类型；通过研究和改造法律制度从而服务于法制和社会改革，法律制度成为社会管理的一个良好的手段和工具；重视自然形成的秩序机制反形式主义，认为回应型法应当彻底清除形式主义，要求一种能够超出形式上的规则性和程序上的公平性，从而迈向实质正义的法律体系；认为回应型的法律秩序应当是一种多维事物，法律应该体现国家统治与私人统治、法律规范与社会规范并存的多元主义。① 现阶段，我国职业资格证书制度改革与发展的首要任务是逐步消除压制型法立法模式，同时逐渐构建自治型法律秩序，以回应型法做价值指引，在整个改革的过程中更加注重采纳民意，避免关门立法的现象，提升立法的水平和质量。如此，才能真正维护法律的无上权威，才能使法治的精神深入人心，才能让没有设置准入类资格的职业标准和职业道德得到劳动者一致的自觉遵守，且设置的准入类职业资格的认证又能得到普遍的认可。

（二）反身法理论

德国学者贡塔·托依布纳提出的法律自创生理论（Legal Theory of Autopoiesis），亦称为反身法理论，是其在分解诺内特和塞尔兹尼克、卢曼以及哈贝马斯的法律演化和社会演化模式基础上，经由法律理性的规范维度、外在功能维度和内在结构维度重构出的一种社会与法律共变（socio－legal covariation）的演化模型，最后根据形式理性、实质理性和反身理性三种法律理性的发展模式，提出了作为一种新程序主义的"反身法"。② 该理论主张社会由一系列规范上封闭的子系统组成，这也导致了各子系统之间的交流障碍，此种障碍构成了法律对社会调整的局限性。同时，系统在认知上又是开放的，规范上封闭的系统可以通过"结构耦合"来实现认知上的开放。因此社会秩序的维系和发展不但要保持各个系统的独立性，同时要创造在各个系统之间的结构耦合。③ 以法律系统为例，其主要功能是为全社会提供具有普遍性的行为规范，解决其他系统内部无法解决的纠纷，但是普遍性规范可能无法形成或者无法解决所有的纠纷，因此法律需要通过自身的调整来解决这些矛盾。换言之，就职业资格证书制度而言，多数情况下是通过法律自身的调控来改善法律与其他社会系统的衔接问题，将对其他社会系统的直接干预转变成间接干预。但是

① ［美］诺内特 P，塞尔兹尼克 P. 转变中的法律与社会——迈向回应型法［M］. 张志铭，译. 北京：中国政法大学出版社，2004.
② 王小钢. 托依布纳反身法理论述评［J］. 云南大学学报（法学版），2010（2）：107－113.
③ 高秦伟. 社会自我规制与行政法的任务［J］. 中国法学，2015（5）：73－98.

目前我国的职业资格证书制度其实并未与教育系统、劳动力评价系统和劳动力市场需求结合起来，如何通过影响相关组织机构、能力和程序来促使其他社会系统建立起一套更为民主化的自我管制机制，正是职业资格证书制度改革的重要目标。

（三）新型复合理论

欧美等发达国家的规制改革理念大体经历了规制—规制缓和—再规制的过程，这样的变化与国家的社会、经济发展目标息息相关，立法者经过这样的政策法律调整过程后，不仅关注规制的数量，还关注规制的质量。20 世纪 70 年代末正是鉴于国家规制对市场带来诸多的负面效果（如未促进公平的竞争环境、就业者成本增加），这些国家相继采用了规制缓和的策略。但事实证明，国家放松规制，并不代表市场独自运营。在市场机制失灵领域，国家仍有规制的必要，只不过此时规制的重点应当在于提供公平竞争的环境与条件，而不是过去的价格与市场准入的规制。国家采用的规制的内涵、方式、强度等均发生了重大的变化，即更加尊重市场、社会机制，强调合作、协调、沟通，正是在这样的背景下"回应型规制"与"反身型规制"等规制理论才得到了充分的重视。就相关职业是否需要设置准入类职业资格，政府应该首先鼓励行业的自我规制，当自我规制不能达到预期效果时，政府才应该采取强制性规制措施。即便如此，首先也应由相关行业根据自己的情况来制定规则，但要接受政府的批准与监督，如果强制性自我规制还不能产生预期效果，政府就可以采用传统的命令控制型规制——设置准入类职业资格。而且，我们不仅应该看到随着规制理论发展，规制主体多元化、方式多元化；还应于实践中关注自我规制可以采用的不同的策略，是基于管理、基于绩效抑或是基于原则。

我们认为，优化我国职业资格证书制度规制的关键是将法治精神、法治原理，以切合市场规制的方式转化为具体的管理制度创设和实施法律的制定。通过明确规定、规范不同规制主体的权责，理性区分行政规制与市场规制各自的规制对象与调整范围，建立健全便于沟通与交流、实现行政和市场交互的机制，以实现我国职业资格证书制度规制的程序化、规范化与制度化，对职业资格证书制度的规制责任进行科学重构，由行政规制向市场规制的方向稳步迈进。

二、职业资格清理与替代性制度建设

(一) 职业资格的市场主体自我规制

所谓职业资格的市场规制其实就是市场经济国家利用劳动力市场的相关主体的自律行为作为国家监管的一种重要的替代方式。市场规制指劳动者对自己的劳动水平、质量，做出声明、承诺、自我认证、自我限制协议等市场与社会的自我规制，广泛适用于市场竞争秩序维护及劳动服务领域、消费者权益保护等领域。对于劳动者而言，国家的职业资格取消了，劳动者可以自主地选择一些从事劳动力水平认证的机构进行认证，使得自己也像商品一样具有显著的标识性。劳动力自我认证可以有效实现劳动者对评价标准和评价组织、机构的市场化选择，而非被动地接受低效、重复甚至不被市场和消费者认可的职业资格认证。自我协议更像一种劳动者与其工作服务对象之间的君子协定，根据此协议，各劳动者或某些具体的行业有义务保障本职业能够自主地维护自身的职业服务水平，以防止国家采取强制性的职业准入。譬如，英国虽然建立了成熟的职业水平评价认证体系，但是并不强行设置准入类限制，因为英国民众和政府相信自我限制协议能得到遵守。笔者认为市场自我规制的效果因时因地而异，很大程度取决于整个社会的发展阶段和发展水平。

(二) 用人单位和专业组织的评价作用

在现代社会，用人单位已作为专业人员能力认证的重要力量广泛参与到评价认证活动中，譬如 IT 行业的认证，除了参与人数众多的全国计算机等级考试外，不少人还会想到业界认可度很高的微软、思科等认证。[1] 这些认证被普遍认为具有较高的含金量而受到劳动力市场认可。另外，目前如美国、德国、澳大利亚等发达国家在职业资格认证方面均采用政府授权专业组织进行资格认证，这种利用私人的各种能力实行各种事务管理的行政现象，也被有的学者称为私人行政。[2] 温和地对经济与社会活动进行监管，是构成私人行政的重要方面。由私人完成经济监督任务是通过让第三者或者说委托第三者参与国家经济

---

① 赵建超. 思科认证大揭秘 [J]. 电脑爱好者, 2009 (21): 76.
② [德] 罗尔夫·斯特博. 德国经济行政法 [M]. 苏颖霞, 陈少康, 译. 北京: 中国政法大学出版社, 1999.

监督，或者通过任务私有化和委托来进行。有的学者指出国家由私人实施或完成的行政事务远不止资格认证，它涵盖了技术监督、航空管制、警察行政辅助、资助行政、公物设置管理等多个行政领域。[①] 这种由用人单位或专业组织实施的职业资格评价的兴起，既是国家"瘦身"的标志，也恰好迎合了政府职能转变的需要。在我国，随着清理规范工作的深入，职业资格特别是准入类职业资格的覆盖范围和绝对数量都在减少。同时，随着行政监管的后移，许多原来由政府深度介入的事项，如职业资格限制或职业能力评价，在政府逐步退出后，都可以改由用人单位和专业组织去完成，特别是一些专业性、技术性强的职业资格认定评价交由专业技术组织去完成反而具有其独特的优势。[②] 用人单位和专业组织评价作用在一些职业资格证书制度发展较为成熟的国家反而得到了充足的体现，而这也是我国职业资格证书制度将来的发展方向。

（三）行业协会的自治管理

前文已经介绍了行业协会在发达国家的职业资格管理方面发挥了主要作用，特别是涉及准入类的职业资格如律师、医师和注册会计师的执业许可都是由相关行业协会审定的。相反，我国的职业资格规制，准入类由国家行政部门负责，国家职业资格目录中的水平评价类职业资格也由行政机构或国家批准的鉴定机构负责。由此可见，我国的行业协会要能真正承担起职业资格规制的重任还需要经过自身的不断完善和发展，同时更要摒弃把职业资格认证作为创收工具的做法，真正发挥行业协会应该承担的价值作用。

三、职业资格行政规制减少与后设规制建设

（一）规制不足与规制过度的双重风险防范

职业资格证书制度建设和改革与其他的行政规制一样，同样面临着规制不足与规制过度的双重风险。如果缺乏职业资格的规制或者规制不足，往往容易造成劳动力市场失去标准和规范，导致劳动力市场缺乏标准的导向，丧失对重大公共利益的保护，甚至导致市场混乱。反之，过度的规制又容易阻碍劳动力

① ［日］米丸恒治. 私人行政——法的统制的比较研究［M］. 洪英，王丹红，凌维慈，等译. 北京：中国人民大学出版社，2010.
② 王克稳. 论行政审批的分类改革与替代性制度建设［J］. 中国法学，2015（2）：5-28.

的正常流动，使市场失去活力。正因为面临这样的困难，就不难理解为何我国的职业资格证书制度建设似乎经历了先肯定后否定的过程，即在快速建设发展后又开始大力削减。

（二）后设规制的特征

受监督的自我规制，又称为"后设规制"（meta-regulation），社会自我规制的弊端是产生"后设规制"的根本原因。与传统的由政府通过法律法规和行政命令对企业进行的规制不同，后设规制中的政府规制作用在于对规制展开"规制"，也就是说政府规制的主要作用是对企业或行业自我规制的监督。① 后设规制的特征和作用体现在以下几方面：第一，后设规制可以联结行政机关与自我规制主体，即使私人主体具备展开自我规制的能力和条件，也可以促进行政机关与私人主体主动关注责任的问题。譬如通过发布警告、指南或政策声明来为参与者提供合规指引。第二，后设规制属于上文介绍的"反身规制"，是自我规制的再规制，即首先以社会自我规制为基础，其次通过一些方法手段后对自我规制进行监督和规制，从而实现政府行政规制和自我规制的平衡机制。第三，后设规制相较于传统的规制是一种更复杂的规制，并非未规制或不规制，它是将政府部门、企业、社会组织和个体纳入的一种更为系统和全面的规制体系，强调以一种激励性的间接方式替代传统的简单的行政命令。

（二）后设规制与市场导向下的职业资格证书制度改革

在我国职业资格证书制度改革中运用后设规制，意味着其在职业资格减少后要在市场规制、自我规制过程中发挥更好的协调作用，提供事前的合规指引和事后的归责框架，进而实现政府监督下的市场规制体制。具体而言，后设规制在职业资格证书制度责任重构后要做到：第一，重新定位政府部门的角色。政府部门已不再是劳动力市场唯一的规制者，而应积极与行业协会这类自治组织一起成为劳动力市场规制的协调者、引导者和服务者。一方面弥补政府行政规制退出后的空当，另一方面弥补保留职业资格的政府单一监督的不足。第二，政府在后设规制中的作用体现在两方面：其一是为劳动者提供清晰的合规指引和市场自治框架，确保普通劳动者在确定的边界内开展自我规制；其二是通过责任威胁机制激励或震慑劳动者积极地开展自我规制。第三，积极促进行业协会、企业在后设规制中主动发挥承上启下的自我规制的作用。英国等发达

---

① 高秦伟. 社会自我规制与行政法的任务 [J]. 中国法学，2015（5）：73-98.

国家的经验告诉我们，适度宽松的企业和行业自治，反而可以弥补传统行政规制的先天不足。削减职业资格不等于完全自治，这是后设规制与传统的自我规制的本质差异，后设规制中的市场自我规制仍然必须接受政府的监督。[①]

第四节 职业资格证书制度体系的公私法融合

公法与私法无论是内容还是效果上都各不相同，甚至相互矛盾，因此公法与私法制度往往都各自保有自己的边界，尤其是对法律的体系性有较高要求的大陆法系表现得更为显著。规范国家与公民关系的公法以及规范平等主体关系的私法，本来各有相应的调整领域，而且两者在理念形成与相关法律概念、制度发展上各有独自的脉络，通常情况下不应出现冲突的问题。但是，社会和经济的发展同时推动了公和私的领域的扩张，两者之间呈现出的不只是价值和理念的拉锯。交叉领域越来越多，相关的法律体系也从公私法二元体系向多元发展。作为管制与自治的公私法规范，因为两种体系的辩证关系发展出一种互为工具的现象，职业资格证书制度中包含的行政规制和市场化的行业自治恰好体现了这种公私融合的趋势。

一、职业资格证书制度的私法化

职业资格证书制度规范的主要对象是劳动力市场，不仅牵涉的主体人数众多，规范还同时具有保护公共利益、促进市场效率的作用，自治机制有时难以圆满地实现这样的目标，并同时保护好职业资格权利人的利益免受侵犯。因此，国家和行政的介入成为理所当然的选择。然而，职业资格证书制度不仅属于行政法和劳动法的制度范畴，其同时具备身份法和财产法的重要特征，特别是当发现单项的行政规制会在一定范围、一定时间失效时，制度的私法化成为必须重视的一种发展方向。在《民法典》作为原则法和体系法的定位下，职业资格身份关系也应视为一种常态的民事关系，职业资格身份权也应认同其民事权利的特征和属性，是构成民法典的一部分重要内容。《民法通则》和《民法总则》均没有直接对身份权做出规定，但是《民法典》已提出了"身份权利"

---

① 宋亚辉. 竞价排名广告规制模式的转型——从政府规制到受监督的自我规制 [J]. 中国市场监管研究，2018（4）：40—47.

保护的内容。笔者认为，立法者还需要努力在一些特殊的背景或特别的范围内，通过构建更加开放的身份权理论体系，搭建理想的自治体系，通过修正引入类似财产法上的行业组织契约制度作为基本的自治机制，同时明确职业资格证书制度及职业资格身份权相应的侵权责任。职业资格身份关系蕴含了契约关系的意味，这也是身份法进入《民法典》的真正理由。①

二、制度改革需树立管制与自治并重的理念

传统职业资格证书的建立基于市场失效的前提判断，我国职业资格证书制度的改革基于行政低效能的判断，其实管制与自治并重才是职业资格证书制度改革的真正方向。任务的扩大不仅改变了公法的范畴，也间接催化了公私法功能的变化。无论是为了更好地履行管理职能而利用私法，抑或是节约行政管理成本而寻求私法和市场的帮助，工业化国家私法规制的相关行业组织及其契约机制都变成了柔性的、间接的国家行政工具。反之亦然，本来应该交由市场承担的市场化制度运行成本，由劳动力市场双方或多方当事人应该承担的部分"内化"交易成本，如选人用人成本和选择某一职业劳动服务提供者的成本，常常也因为经济规模扩张太快，科技发展太迅猛，完全市场化的私法制度难以应对而必须借助公法的范畴，由国家行政资源来承担。例如准入类职业资格就是通过设置行政许可来防控市场难以把控的交易风险，特别是危及公共利益时，公法、行政管制也成为私法、市场所仰仗的工具。

相对于工业化国家和后福利化国家的管制革新，以上的公法与私法的相互交错是相对简单的形式。对于我国职业资格证书制度的建设而言，短短二三十年的发展，相对于工业化国家百年来的建设和不断调试，有必要重新审视我们对这项制度的认识，秉持管制与自治并重的基本观念，打破行政管制与市场的对立。既要引入市场化的机制，也要将相关的民事法律规范融入制度之中，以民事请求权为诱因把普通的自然人变成公共利益的维护者，赋予权利人损害赔偿请求权，才能避免行政管制与市场自治、公法与私法的割裂。

三、职业资格证书制度的多阶多元规范

职业资格证书制度如果要在更大的范围内更好地得到市场的认可，有必要

---

① 苏永钦. 民事立法与公私法的接轨［M］. 北京：北京大学出版社，2005.

融入和接纳多层次、多元化的规范，这样才能在市场化改革中走得更远。职业资格证书制度中的行政许可无疑体现了一种垂直的行政关系，其指导原则是依法行政。因为这一关键因素，职业资格证书制度往往被视为行政法范畴的公法关系下的管理制度。相反，一项制度如果体现的是一种水平关系，如以契约关系为主干，其指导原则当然应属于私法自治，而形成这样的私法关系的核心要素就是契约。然而，实际上在进入后现代国家之后，"公"领域和"私"领域变得不那么泾渭分明，一项制度，如本书研究的职业资格证书制度，往往由多样的法律规范构建而成。

　　某一个具体的行政关系往往依据大量的标准化、规范化的行政处分、行政许可形成，除了满足行政实体法的要求外，相应的行政程序性要求也会对行政法律关系产生实质性影响。例如目前要取得一项准入类职业资格除了满足行政许可法的条件要求外，还需要按照相应的行政性质的规范性文案程序要求进行申请。目前，私领域的契约早已褪去其既往的外衣，因交易的复杂化变得形式多样，既包含民法规定的各种类型的契约，也包含社团、行业协会的决议、团体协约等（主要见于市场化成熟的国家和地区）。另外，前文还介绍了欧美和日本等工业化国家的行业协会等民间团体组织承担了制定工业标准及技术规范的功能。这类自然人与不同层级的行业协会等社会团体组织订立契约后，自然会起到效力强度不同的自治规范作用。

　　市场经济的发展不但没有弥合劳动者与雇主之间的矛盾，反而伴随世界范围的经济衰退，矛盾日益凸显。"契约自由"成了自由平等的民法原则的装饰，要维护劳动者的职业资格身份权利益，法律规则必须对雇佣与被雇佣者二者关系进行调整，以期实现和维护二者经济社会角度的利益平衡以及公法和私法交换的多元规制和保护体系。职业资格身份权与消费者身份权等具体身份权还远没有实现法律规则的具体化，各国的司法实践仍然关注具体权利内容的规制，如劳动者权益保护。如我国《劳动合同法》对这类合同的"自由"做了极大的限制和调整，以改变这种不均衡的地位和缔约能力。但是，这样对职业身份权利益的保护是不完整的。无论是《劳动法》还是《劳动合同法》，适用范围都是非常局限的，公务员、医生以及大多事业单位从业人员都不受这两部法律的保护，而这些特殊职业执业资格的取得往往需要付出更大的代价，权益受到侵害时损失也更大。职业资格身份的取得、剥夺受到非法侵害时，职业资格身份利益受到第三者侵犯时，如何获得司法救济？如何寻找法律依据？这都有待职业身份权体系的建立和完善，有待相应法律体系的建设。有损害就应当有救济，缺乏救济的权利不是权利。目前我国部分法规里有关于职业资格身份权救济的规定，如我国的《注册会计师法》第十三条规定："对注册会计师协会撤销注册不服的，当事人可以向国务院财政部门或者省、自治区、直辖市人民政府财政部门申请复议。"除了行政复议外，司法程序的救济是任何权利救济最终的选择。不管职业资格身份权利受到行政部门、职业协会还是第三人的侵犯，在职业资格制度的专门法规里面都应该在程序和实体上做出规定。

第五章 职业资格证书制度的市场化改革

第一节 职业资格证书制度改革与政府部门的关系

一、发达国家政府部门在制度中的角色调整

不同国家的政府部门在职业资格制度中扮演的角色与该国职业资格证书制度的管理模式以及制度建立的历史有很大的关系。总体来说，职业资格证书制度在建立初期多由行业协会及行会性质的团体来负责，但是伴随着部分发达国家行政理念的转变，国家政府部门开始越来越多、越来越深地积极介入社会、经济管理之中，对职业资格制度的影响变得越来越大。英国职业资格证书制度变革可以视为发达国家对职业资格证书制度实施改革的代表。英国早在1920年就开始将职业教育与职业资格结合来推行职业资格证书制度。第一次世界大战后，英国经济迅速复苏，与此同时英国职业教育也迎来了大发展。机械工程领域成为率先实施职业资格认证的职业，随后实施职业资格认证的领域迅速扩展到化学、纺织、电力工程、建筑、造船、商业等领域。在经历了几十年"自由"式的发展后，英国的职业资格认证体系也呈现出因缺乏统一规范的管理体制带来的混乱局面。虽然两国制度差异巨大，但是这点与我国启动职业资格证书制度改革背景相似，英国只是更早经历了相似的问题。鉴于此，20世纪80年代英国国家职业资格委员会（NCVQ）应运而生。国家职业资格委员会是代表英国政府具体负责在全国范围内推行国家职业资格证书制度的部门，由此英国职业资格证书制度开启了在国家政府部门推动下的一系列改革，并开始着手制定一套系统、合理、先进的职业资格体系，这在很大程度上提高了全国层面的职业资格比例。此后不久，又一项新的措施即普通国家职业资格证书（GNVQ）也在英国出现了，这使得英国的职业资格改革更进一步。美国、德

国、日本等其他发达国家虽然没有设立像英国一样的国家职业资格委员会，但是也都相继加强了政府对职业资格证书制度的影响。但是整体而言，这些发达国家都有更成熟和强大的协会，所以国家政府部门并非完全主导职业资格，除了国家资格外，非政府的各种认证也在这些国家的劳动市场有很大的影响。

本书在第一章已经介绍了一些主要发达国家职业资格证书制度的概况。近年来也有一些学者呼吁限制准入类职业资格的设置，认为职业资格的设置限制了劳动者的基本权利——自由（Kliener、Krueger、Thornton、Timmons）。但是基于各种社会现实和职业资格证书制度的形成历史，这些发达国家的职业资格认证事项比例依然在上升。过去 60 年中，受职业许可证直接影响的劳动者比例至少增长了 17%（Kleiner）。本书第一章已经介绍过，有的学者提出了职业资格不加控制的增长已经成为劳动者的一种负担，可以预计不久的将来，美国行政部门也许会像英国一样改变自己旁观者的角色。

二、我国职业资格证书制度改革与政府部门职能转变

（一）职能转变与能力提升

"发挥市场在人力资源配置中的决定性作用"并非意味着政府部门的完全解脱，而是需要切实提升劳动力市场化规制的科学决策能力和宏观管理能力。利益剥离可以让政府部门在人力资源配置的过程中恢复自己中立的角色，从而专心履行管理和服务职能，过去具体负责的一些事项从政府部门剥离后可以交由市场和社会组织来完成。实现社会中介组织与行政部门在事前脱钩，是职业资格证书制度改革的重要一环，但职业资格大幅削减后人力资源配置如何更好地适应劳动力市场需要也是需要重视和研究的重大问题。政府部门职能转变的过程也是利益剥离的过程，这一过程也深刻地影响着职业资格证书制度改革的进程，职业资格削减后自然会涉及机构、人员、职能、经费、办公场所等各方面的调整。对于过去附庸于行政部门依靠职业资格生存的组织而言，如果要在真正的市场化后适应市场的选择必须培育自身的公信力和自律水平，完善治理结构。政府部门可以通过选择购买服务来替代原有的一些自己直接承担的服务职能，但是购买服务就需要营造良好市场环境，构建开放、平等、规范的竞争性平台。另外，从劳动力市场监管层面讲，政府对于市场、对于社会组织的职业资格评价能力提升具有托底作用，即设定社会组织的准入条件和标准，对不当和违法问题进行整顿。

（二）部门协同与职业资格的科学管理

"审批权力部门化"是造成职业资格重复设置的重要原因，处理好部门与部门之间的协同与分工是职业资格设置科学化的前提保障。2019年的《国家职业资格目录》共有58项专业技术人员职业资格，其中37项都由2个以上的部门共同实施，对于多部门共同实施的职业资格，依然需要防止因部门利益纠葛造成资源内耗。科学与协同管理需要围绕《国家职业资格目录》中同一职业资格项目，或者拟增设的项目加强跨部门统筹协调，整合职业资格考核、审核、培训、管理等方面的部门职责、分工，形成实施部门之间的协同联动。同时，要关注职业资格规制的关联性因素，梳理职业资格标准设定、考核评价、培训、管理、监督等事项之间的业务流程、法律关系等，从劳动者和准劳动者的角度设计考核评价流程。此外，还要注意制定多部门共同实施职业资格项目的协同合作机制，扫除部门之间条块分割、信息传递和标准衔接等障碍。

（三）强化监管责任

简政放权和削减职业资格并不是放任不管，政府部门也不应放弃对劳动力市场必要的监管与服务。改革前的职业资格证书制度，主要重考试、发证，轻后续监督管理，很长一段时间内发证成为一些部门行使管理权力和"创收"的重要抓手和渠道，后续的保障劳动力市场有序流动和规范职业教育、职业行为的政府监管责任却未落到实处。要提高职业资格证书制度的有效性不仅要转变长期固化的"重事前审批、轻事中事后监管"的传统做法，还要逐步培育行政部门与监管责任相适应相匹配的监管能力。假如监管能力跟不上，一旦市场和经济秩序出现混乱，就可能彻底打乱改革节奏和进程，甚至导致改革半途而废，但是能力的培育和养成依然需要漫长的过程。在改革的推进中要注意保持合理的速度，一方面，要正确认识和评估制度改革后相应监管部门的责任与能力，按照权责一致原则，在削减调整职业资格的同时确保部门有适配的履职能力。现阶段基层承接制度改革后的监管能力不足很大程度体现在专业化人员短缺、理念和手段相对滞后上。另一方面，要准确把握改革的事前、事中和事后的监管关系。削减职业资格的准入门槛不是不设门槛，而是将劳动力市场监管重心转移到事中事后，使之与事前监管形成职业资格广覆盖、跨部门、跨行业的"大监管"合力。

（四）管理市场化与管理转移

为进一步加强职业资格设置与实施的监管，人力资源和社会保障部公布了《国家职业资格目录》，这就意味着政府转变了职业资格管理的服务方式，一是规定了"不得在目录之外自行设置国家职业资格"，二是强调"社会组织和企事业单位依据市场需要自行开展能力水平评价活动"[①]。清理规范现有技能鉴定机构的服务，是实现过去政府职业资格管理服务事项转移的重要前提，它决定着原有职业资格取消后的改革效果。比如取消、合并职业资格的决定，是否完全能够通过市场化管理以实现规制目标，这些都是在管理调整过程中需要明确的。市场和社会组织作为政府管理转移的承接方，其发展状况直接决定了行政部门原有职能是否"转得出、接得住、管得好"。因此，建立职业资格目录，将管理向市场转移时，应加快培育和发展各类行业社会组织，政府不再提供"全覆盖"的公共服务，而是扮演公共服务的"购买者"和"监管者"。通过科学评估，逐步实现职业资格规制由"公"向"私"转移，发挥市场机制作用，将由政府直接提供的公共服务事项和管理事项，按照一定的方式和程序转移给具备条件和能力的社会力量来承担，政府根据市场和社会承担的管理事项让渡相应的资源或支付一定的经费。在发达国家的很多领域（包括执法环节），已经通过实践证明了在一些范畴，"私人执法"相对于"公共执法"在经济效益方面更具优越性。

第二节　职业资格证书制度改革与
行业协会等社会团体的关系

一、发达国家行业协会在职业资格证书制度中的重要角色

（一）竞争分权式管理模式下的行业协会

虽然英国的职业资格证书制度由英国国家职业资格委员会负责在全国范围

[①]　人力资源和社会保障部：《人力资源社会保障部关于公布国家职业资格目录的通知》（人社部发〔2017〕68号），2017。

内推行，但是落实到具体的实施却是在行业协会的深度参与下进行的。英国的职业资格证书制度管理体系分为国家和地方两级，国家层面的机构包含职业资格和标准认定委员会、行业标准委员会、考核证书委员会、地方训练教育机构等；同时，这些机构十分重视行业协会的参与，通过行业协会的直接参与，来实现对职业资格证书的管理职能。英国是最早实现工业化的国家之一，其职业资格证书制度发端于行业协会，特别是在历史上曾经自发性地形成了数量众多的职业资格证书颁发机构。发展至今，英国的职业资格认定机构通常为专业性很强的小型机构，当然也不乏影响力和规模都较大的机构，其中最大的三家为皇家技术协会、伦敦城市行业协会及苏格兰商业教育委员会，由这三家机构核发的证书占了英国整个国家的九成。

德国的职业资格认证制度也有超过百年的历史，目前认证工作均为行业协会在负责，全国共有三百余家协会如工商协会、农业协会、手工业协会、医生协会等。不同于英国的行政介入，行业协会目前是德国职业资格认证的绝对主体，政府只负责为制度提供相应的保障。目前，德国最大的行业协会是工商行会和手工业行会，主要负责颁发"学徒证书"和"师傅证书"。另外，德国各行业还可以进一步根据实际需要来设置职业资格证书等级，确定对不同职业提出不同的培训时间要求，负责审查培训企业、机构与受培训者间签订的培训合同，以及负责职业资格认证的考务工作与合格证书的发放等工作。

（二）非竞争性集中管理模式下的行业协会

日本的职业资格包括严格要求的执业资格（stringent licenses）和松散要求的证书（lenient certifications）。另外，日本大部分专业资格考试虽然是由政府部门直接管理，但需要注意的是日本也有一部分专业资格考试由政府指定或委托的行业协会管理。日本职业资格实施主体包括三类：一是国家行政机构；二是都道府县等地方自治团体；三是国家或都道府县指定的行业协会团体，诸如全国商业高中协会、全国经理协会、日本汽车审定协会、日本饲料协会等（刘孟州，1998）。由此看来，日本的职业资格是一种在国家集中管理的同时发挥行业协会作用的复合型管理模式，行业协会与行业协会之间的关系并非纯粹的竞争关系，行业协会起到了支持与完善职业资格证书制度的作用，其职责包括职业培训、注册管理等。

同样作为东亚工业化国家的韩国，其职业资格认证体系类似于近邻日本，分为国家资格认证体系与民间资格认证体系两种。再进一步细分，国家资格认证体系又分为技术类和非技术类两类细分体系，非技术认证的职业也属于非竞争性管理模式，即政府行政部门只负责总体的牵头，具体的工作事项交给行业协会来实施，政府相关产业部委的主要职责是在规则制定方面，后续工作如考试的具体实施等由政府部门指定或委托相关的行业协会来负责，由协会担任资格认证执行主体的角色。技术资格认证体系也可以视为水平评价体系，该体系主要由类似于其他国家行业协会的产业人力管理公团等组织负责。韩国的产业人力管理公团所负责的认证项目非常之多，达到了 500 多项。另外还有一种叫工商会的组织也是韩国具有很大影响力的民间组织，它负责了 10 多项资格认证。非技术资格认证体系的考试属于准入类的资格考试，该考试由行政机构指定或委托的测试机构组织进行。

（三）行业协会在职业资格证书制度中的重要角色

各国由行业协会参与职业资格证书制度的实施已成为一种普遍的做法，这意味着除了国家行政为主体通过行政许可方式来设立资格外，行业组织通过私法自治的方式来实现对劳动力市场的治理成为职业资格证书制度的重要内核。只是受到各种因素影响，各国行业协会参与职业资格证书制度治理的角色和方式有所不同，譬如由英国、美国、德国、加拿大等为代表的欧美发达国家的职业资格认证制度的模式均为竞争分权管理模式；与之不同的是，以日、韩为代表的东亚国家，却采用了非竞争性集中管理模式。总而言之，无论是竞争性分权管理模式，还是非竞争性集中管理模式，多数发达国家的普遍做法是把职业资格证书制度的具体实施环节如认证工作交给行业、专业协会等非营利组织负责，而且除此之外，因性质不同，有些职业资格如"民间职业资格"无论是设立还是实施都由行业协会采取私法自治的方式。

二、我国行业协会在职业资格证书制度中的作为

（一）中国行业协会的发展背景

中国的行业协会发展整体上缺乏西方相似的历史积淀和根基。"行业协会"在中国历史上曾以"行""帮""肆""会"等不同称谓出现过。直至明末清初，伴随着资本主义在中国萌芽，社会生产力水平有了一定发展，行业分工开始变得更为细化，手工业种类增多，近代意义上的商会、行会才登上中国的历史舞台并开始在社会中发挥更多的作用。但是，不同于西方社会，拥有几千年中央集权制度历史的中国推动"学徒制"培训走向制度化的主导力量不是"行会"

"协会"，而是国家。行业协会与职业教育在很长的时间里并无关联。而且"协会"在中国的历史上有自己独特的生存方式，历史上各种形态的多数行业协会为了维持自身生存以及维护所代表的行业利益，均与官府保持紧密联系，具有极强的官府或政府依附性。因此，我国行业协会在参与职业标准建立、资格认证、职业培训等围绕职业资格制度建设各环节过程中所发挥的作用远不如欧洲行业协会。

（二）我国协会在职业资格证书制度建设中的边缘化

虽然经历了几十年的发展，但行业协会在我国职业资格证书制度的建设和改革过程中扮演的角色都相对边缘化。本书通过对 20 世纪 90 年代以来与职业资格证书制度相关的政策、法规以及改革相关的文件进行分析，希望可从文本视角厘清国家对于行业协会参与职业资格证书制度的态度与主张。本书将从法律、政策文本中所使用的关键词汇以及具体内容三方面进行研究：

第一，基于表述词汇的分析视角，行业协会基本被忽视。从文本表述词汇来看，法律与政策文件普遍采用"行业"或"行业组织"，而较少使用"行业协会"。《行政许可法》第十二条规定"通过下列方式能够予以规范的，可以不设行政许可：……（三）行业组织或者中介机构能够自律管理的"，第五十四条规定"……公民特定资格的考试依法由行政机关或者行业组织实施"。《职业教育法》第六条规定"……行业组织和企业、事业组织应当依法履行实施职业教育的义务"，第十九条规定"……政府主管部门、行业组织应当举办或者联合举办职业学校、职业培训机构，组织、协调、指导本行业的企业、事业组织举办职业学校、职业培训机构"。国务院 2013 年印发的《国务院关于严格控制新设行政许可的通知》要求"论证材料应当包括：……行业自律、企业和个人自主决定以及其他管理方式不能有效解决问题"。有的文件甚至只提及由政府的业务主管部门负责，如《职业资格证书制度暂行办法》第八条规定"执业资格考试工作由人事部会同国务院有关业务主管部门按照客观、公正、严格的原则组织进行"。

第二，从对近期政策的分析来看，行业协会的作用不太被认可。对《进一步减少和规范职业资格许可和认定事项的改革方案》的分析发现两点情况：一是从取消的角度提到了协会，如"取消国务院部门和全国性行业协会、学会自行设置的水平评价类职业资格"；二是从发挥作用的角度却不提协会，如"更多发挥企业、行业和社会组织在人才评价中的重要作用，保障和落实用人单位自主权"。对《人力资源社会保障部关于公布国家职业资格目录的通知》进行分析后发现涉及协会的内容也是禁止性的要求，如"行业协会、学会等社会组织和企事业单位依据市场需要自行开展能力水平评价活动，不得变相开展资格资质许可和认定，证书不得使用'中华人民共和国''中国''中华''国家''全国''职业资格'或'人员资格'等字样和国徽标志"。

第三，基于《国家职业资格目录》的表述来看，行业协会目前的定位仍然是较为次要的参与角色。自 2017 年 9 月《国家职业资格目录》公布后，从数量上来看，原有的职业资格大量减少，国家行政行为从劳动力市场管制的职业资格领域大量退出后，国家职业资格范围、实施机构、资格类别和设定依据已经基本清晰和明确。其中，"专业技术人员职业资格"的实施部门绝大部分为国家机关，但也有部分职业资格明确由行业协会实施，譬如拍卖师由中国拍卖行业协会实施、工程咨询（投资）专业技术人员职业资格和资产评估师由相应行业协会参与实施；另外，技能人员职业资格多数由专门的技能鉴定机构负责，少部分职业譬如金属加工机械制造人员、工装工具制造加工人员和机械热加工人员等部分职业由鉴定机构会同行业协会实施。《国家职业资格目录》的公布明确了我国的职业资格实施由政府主导，鉴定机构和行业协会等社会组织在技能人员职业技能鉴定和职业能力评价实施过程中起重要补充作用。相对鉴定机构而言，行业协会目前的定位仅是部分参与的角色。

法律、政策性文件为行业协会参与职业教育治理提供了一定法律依据与保障，一定程度上指导着行业协会参与职业资格证书制度建设活动，但是也存在诸多不足与缺失，尤其是与发达国家行业协会在职业资格证书制度中扮演的角色大相径庭。其一，在《职业教育法》《行政许可法》《职业资格证书制度暂行办法》中并没有明确行业协会的地位，以及在职业资格认证实施等活动中的职责与保障渠道，缺乏针对行业协会具体如何参与职业资格证书制度的法律依据。其二，政策性文件更多着眼于"主管部门""行业"而非"行业组织"或"行业协会"，而且不同文件之间存在前后不太一致的表述，这种相对概括、模糊的规定，反映出行业协会在职业资格证书制度建设中面临的尴尬境地。其三，政策虽然提出行业协会依据市场需要自行开展能力水平评价活动，但是却根本没有考虑行业协会参与职业资格证书制度改革的具体职责，更遑论发挥行业协会对政府主管部门退出相关职业资格认证后的制度承接作用。

（三）行业协会承接能力

要谈论行业协会在职业资格证书制度建设中作用的发挥，行业协会具备相应的承接能力是前提条件。通过前文分析发现，我国的行业协会无论在过去还是现在，在职业资格制度建设过程中扮演的角色都非常边缘化，与发达国家的行业协会在职业资格证书制度建设中发挥的作用天差地别。有学者在对行业协会承接职业能力作评价时指出，应"调整机构设置和评价流程……调整自身定位弥补评价空位"，行业组织要抓住机遇，在把担负的职业技能鉴定和职业技能认定等职业能力水平评价工作落到实处的同时，充分利用自身及所属鉴定机构（行业水平评价机构）特点、优势。① 笔者认为，上述观点或许过于乐观，目前我国行业协会的承接能力还无法通过内部机构的调整就发挥"优势"、承担起职业资格评价的重任。现阶段国家的法律和政策之所以并没有让行业协会承担更多的职责，也许是考虑到我国行业协会整体发展水平还相对不高，不具备发达国家相似的历史积淀和根基，本身并不具备所谓的"特点"和"优势"。

由此看来，职业资格证书制度的改革并不能简单对标发达国家职业资格证书制度，行业协会在职业资格证书制度建设中发挥更大的作用是我们长期努力的方向，现阶段加强行业协会的建设、提高储备承接能力是我国职业资格证书制度逐步发展和成熟的必由之路。

三、我国职业资格证书制度改革亟待行业协会发展

积极培育行业协会等社会组织是职业资格证书制度改革中非常重要的基础性环境建设，既有助于提高职业资格的质量和效率，也有助于构建完整的职业资格证书制度结构。日本早期在职业资格制度改革过程中就将改革重点置于发展社会组织，通过发挥市场和社会的作用，从而逐步实现由政府主导的经济结构向社会组织与个人主导的社会经济结构转变，实现了由"公"到"私"的转变，让部分职业资格设置的行政审批职能逐步从政府行为中剥离出来，防止因道德风险和信息不对称导致资源不合理分配。在美国，商会、行业协会等社会组织经历了长时间的充分发展，这些组织甚至早于部分审批制度的诞生，社会组织的自主治理精神充分发育。而我国的绝大多数社会组织，虽因政府机构改革从政府部门中剥离了出来，但与政府部门的关系仍然藕断丝连，偏离了改革的原旨初衷。因此，当务之急是积极培育和发展行业协会等社会组织，减少政府干预行为。②

---

① 李莹. 市场需求转型下行业协会承接职业能力评价路径探索［J］. 中国市场，2019（8）：177-179.

② 李莲. 美日行政审批制度改革的经验借鉴［J］. 商业经济，2008（11）：75-76.

（一）我国行业协会的建设情况

近代中国，随着工商业的兴起和发展，现代意义的行会、商会在不同行业如雨后春笋般涌现出来，并得到了社会的普遍认可和尊重。在实业兴邦的历史发展背景之下，行会表现出自发性和积极性，主动维护会员、成员利益，另外还通过积极影响政府的决定或政策，来充分维护和体现有利于自己的行业利益。随着现代意义的商会组织日益发展壮大，逐渐衍生出了一些新的功能，包括代为执行一些过去的公共职能：一是对外代表行业利益参与商业活动，二是对内为会员提供与行业相关的信息、技术、培训等诸多服务。但是，随着新中国成立，国家确立了社会主义计划经济体制为基本经济体制，不同层次的各行业工商会组织多数停止了运作，余下部分则被相继改造成为准政府部门而丧失了原有的基本功能，行业协会在我国的发展历程因为时代的更替出现一段间断期。直至改革开放后，社会主义市场经济体制逐步建立，单一化的"部门管理体制"弊端逐渐显现，发展"行业管理体制"作为重要补充又被提及，行业协会的组织作用被学界倡导继而重新进入管理者的视线。

市场经济体制确立后，在有些经济领域政府不再像以往一样对企业进行直接管控，因此必然需要在经济领域重构政企关系。在近年来的机构改革中，政府自主撤销、合并、转制了部分行政管理部门，进而采用行政命令式的办法集中建立了一批不同层级的行业协会，形成了中国特色的行业组织，即政府主导型行业协会组织。此外，不同性质、不同"身份"的协会或组织之间的市场地位也不平等。

我国几十年的市场经济发展，给行业协会的重新发展带来了新机遇。以东部沿海地区为代表，私营经济快速发展同时伴随的是企业之间的激烈竞争。因此，为了维护整个行业的自身利益，市场经济活跃地区率先自发性地建立了我国新型的行业协会。新型协会既遏制了市场秩序继续混乱的局面，也同时促进了区域经济发展。另外，行业协会还能及时回应企业、市场需求的变化而进行产业结构的相应调整。这种新型协会的基本特点包括：一是协会的成立大多是出于企业的自主自愿；二是协会实行更高程度上的相对自治，政府转而只对协会进行必要的指导和监督；三是协会的经费来源更多是会员缴纳的会费和服务性收入，政府财政拨款比例大大降低；四是协会与会员之间的关系破除了管理与被管理的关系，转而成为代表与被代表、授权与被授权及服务与被服务的关系；五是协会还承担了更多的公共职能，如促进和扶持小微企业发展；六是协会的内部治理关系体现为在遵守国家法律规范的前提之下，主动通过协会自律性规章的约束而运行。

总之，市场化改革的深入与社会关系的变迁为我国行业协会的发展和成熟提供了必要的土壤，新型协会数量得到了发展，管理经验得到了累积，对经济运行和社会治理产生了更加深远的影响。当前，我国行业协会的发展仍然与其他成熟市场经济国家类似组织存在不少的差距，理论界对于我国行业协会生成途径的分类还没有达成共识，不同的学者依据不同的判断标准将行业协会分成了不同的类别。基于政府在行业协会形成过程中发挥的作用不同，我国的行业协会仍主要分为政府主导产生的协会和企业自发组成的协会两类。

（二）我国行业协会的作用发挥

从此前介绍的其他发达国家行业协会在职业资格证书制度中所发挥的作用来看，无论是竞争性分权管理模式还是非竞争性集中管理模式，行业协会都发挥了重要的作用，这些作用主要通过设置职业标准、认证监管、组织资格考试等各个环节来实现，下面我们来具体看看我国行业协会的作用发挥情况及改革发展方向。

在岗位职业标准的制定方面，我国行业、企业参与不多。我国国家职业标准主要由国家劳动部门会同相关的职业教育部门制定，虽然在标准的制定过程中会征求行业协会的意见，但是制定程序依然体现出一种自上而下的模式。如需改变上述现状，我国应首先明确政府部门只负责制定宏观的政策和指导监督意见，把制定标准的权力真正交给行业协会，在各个环节切实依托行业协会，由各行业协会的相应机构来制定针对性强的岗位职业标准。而且，我们的职业资格证书制度还应秉承因时而变、与时俱进的理念，职业资格标准应随着社会生产技术的进步和产业结构及劳动就业结构的调整而变化调整，使职业标准充分、及时、准确、直接地反映行业对职业岗位工作能力的实际需要。另外，为了提升职业资格证书在国际上的认可度，还应在制定职业标准时参考当前国际上通行和普遍认可的标准，从而做到一步步地缩小或减少国内标准与国际标准的差距，最终使得我国的职业标准与国际互通互认。

企业和行业基本不参与职业资格认证监管方面工作。我国职业资格认证管理体制仍然主要由政策法规体系、组织实施体系、技术服务体系及质量监督体系来保证。虽然经历了改革，但我国职业资格证书管理还是没有摆脱依靠各级政府和劳动部门的行政手段来实施的非市场模式。这样的政府主导型的职业资格认证监管，与发达国家主要通过社会化的认证机构和行业协会深度参与的机构来管理的基本模式不同。另外，在认证质量监管方面，也应逐步提高行业协会的参与度，使其在质量监督和资格评估中真正发挥作用。这样才能逐步改善我国职业资格认证监督管理体系，扭转行政包办的局面，从而提高职业资格认证的市场权威性，使得我国的职业资格认证向贴近需求的方向变革，发挥促进生产、增加认证者就业机会的作用。

职业资格考试在具体实施上并未发挥行业协会的应有作用。我国应在制度上鼓励行业协会更多地为职业资格认证活动提供保障，逐步让行业协会在职业资格认证考试的实施中承担更多的任务。职业资格证书制度改革的方向应突出市场导向，让政府部门逐步从具体事务中解脱出来，将主要的精力用在宏观管理上来，借鉴英国的经验探索建立综合管理协调的全国性机构。相关政府部门也需要转变职能，让我国职业资格认证成为贴近市场需求的第三方认证。改革还需要关注一些具体细节，如避免因部门间的利益争夺导致职业证书的重复设置。

实行职业资格准入制度是管理和规范劳动就业市场的重要举措，但是目前"无证就业"现象和"挂证"现象依然存在，就业准入制度执行效果并不理想。究其原因，在于单纯的行政手段并不能很好地解决所有问题，行业协会是民间组织，如果它真正独立于行政体系之外，发挥政府与企业的桥梁和纽带作用，或许能通过一种柔性的工作方式让协会成员更积极主动地执行准入制度要求，使得准入类职业资格不再只是"空中楼阁"。

普及宣传职业资格证书制度发挥了一定的作用。随着我国市场经济体制改革步入深水区，企业所有制性质早已实现多元化，非国有企业如民营企业、外资企业、合资企业等不同形式所有制企业占比逐渐加大，各类企业对职业资格证书的认识难免受到企业性质影响。行业协会可以充分利用自身在行业内的号召力和影响力，向企业宣传职业资格证书制度的相关要求，使认证者所考的证书更被行业内企业认可和重视，使得职业资格证书成为企业发展的一种内生的需要。

（三）协会建设助推制度改革

行业协会组织建设是职业资格证书制度改革的重要组成部分，它不仅是提高行政管理运行的质量和效率的基本条件，也与行政许可一起构成职业资格证书制度的框架体系。日本在过去的改革中大力发展行业协会组织，从而发挥市场和社会的作用，实现了政府主导的经济结构向社会和个人主导的社会经济结构转变；同时，也把部分行政审批职能从政府行为中剥离出来，防止道德风险和信息不对称。在美国、英国等其他建立职业资格制度较早的国家，商会、行业协会等社会组织均已充分发育，这些社会组织也有行使"准行政审批"的职能传统，充分发挥了社会团体自主治理精神。我国目前的绝大多数行业组织，虽因政府机构改革从行政部门中剥离出来，但与政府部门仍然有一定的联系。因此，积极培育和发展民间行业组织，减少政府行政许可或行政审批，发展社会组织自治，推进职业资格证书制度改革具有重要意义。在加强行业协会建设的具体措施上应该注意以下几个方面：一是要在制度上剥离行政部门与协会之间的利益粘连，防止行政部门利用职权指定或变相指定行业协会提供服务，让行业协会彻底摆脱对行政部门的依附。二是科学合理取消准入职业资格，进一步发挥行业协会劳动力市场规制的作用；同时建立公开透明的机制，让具有同样能力的行业组织有平等的竞争机会。三是稳步推进行业协会等社会组织机构的产权改革，实现行业协会等社会组织和工作人员安排的完全市场化，最终建立"市场开放、竞争有序、执业规范、收费合理、服务高效"的服务保障体系，顺利接过曾经由政府承担的职业资格认证过程中的相应职责。[①]

第三节　制度改革市场化之劳动者成本收益分析

成本收益分析（Cost-Benefit Analysis）虽然是经济学分析方法，但对职业资格证书制度的改革市场化建设也具有重要的价值。运用成本收益分析，不仅可以起到提高资源配置效率、优化劳动力职业资格规制的作用，还能为职业资格证书制度改革在合法性、合理性方面提供方向性的指引。在职业资格证书制度以维护公共利益的核心价值为目的之外，实现劳动者利益最大化也成为制度改革的重要价值目标。

一、取得职业资格证书的成本分析

（一）直接成本

劳动者取得职业资格证书的直接成本往往是一些显性的成本，主要包含直接用于考证所花费的实际的直接支出，如考证的培训费用、资料费、生活费和直接花费的时间等。我国考证的直接费用并不是很高，更多的成本是准备考证

---

① 龙海波. 深化行政审批制度改革需要处理好的几个关系 [J]. 紫光阁，2016（11）：59-60.

所花费的时间。例如笔者收集了我国 2018 年部分省（区、市）的教师资格证考试报名费，如表 5－1 所示。

表 5－1　2018 年我国部分省（区、市）教师资格证考试报名费

省（区、市）	浙江	河南	江苏	山东	贵州	甘肃	宁夏	北京
笔试费用（元/科）	68	41	52	60	60	65	65	70
面试费用（元/人）	280	260	135	240	200	280	300	215

时间成本指劳动者或潜在劳动者为了考取职业资格证书所花费时间折算而成的代价。含金量高的职业资格如注册会计师、注册建筑师的考试往往需要几年才能完成，也就是说这几年时间对于学生或劳动者来说，会影响当下的学习或工作，甚至需要他们放弃其他学习或工作而专门准备考试。如果再考虑通过率的因素，往往时间成本会成倍增加；对于不少盲目考证者而言，时间成本就更高了。

（二）机会成本

机会成本是指为了得到一种东西而必须放弃的东西。[①] 劳动者个体为了取得某一职业资格的同时往往会面对多种可能的选择，我们可将获取职业资格视为劳动者的一种投资，既然是投资当然就需要个体投入时间、精力和金钱，自然也就需要考虑投入产出比问题，即投资收益。劳动者决定是否去获取某项职业资格证书时，需要理性地分析做何种选择才能够实现最高的投入产出比。假定每一劳动者或潜在劳动者都是理性的人，如果决定要去获取职业资格证书，那么他通常需要放弃其他可能提高自身收益的投资，如自己正在从事的工作或者其他的理论学习等。因此，选择通过努力取得职业资格证书，就必须要面对机会成本问题。而这些机会成本往往难以精确计算，也常常被劳动者忽略。例如考证热时，人们往往一拥而上，极少有人在乎因考证承担的机会成本。换言之，如果把获取职业资格证花费的金钱、时间和精力换作投入学习其他的专业知识或者直接用于某项工作的成本，那么这个人由其他学习所获得学位、学历文凭后找到工作的收入，或者同样时间直接工作的收入，可以简单地视为职业资格证书机会成本的货币计量。

---

① ［美］曼昆. 经济学原理［M］. 6 版. 梁小民，译. 北京：北京大学出版社，2012.

二、资格证书提高个体收益和市场效率的信号标识功能

（一）职业资格证书对个人收入的促进效应

只要是得到社会认可并具有一定含金量的证书如较高的学历证书，往往会对劳动者个体具有提高个人收入的促进效应。在我国，劳动者或即将就业的准劳动者要想取得职业资格证书，最主要的渠道一般就是通过具有一定难度的资格认证考试，而且不少高含金量的职业资格证书的认证报考条件还要求报名者已经具有一定程度的教育经历和工作经验、履历等。在劳动力市场，这对用人企业（单位）而言，就意味着持有职业资格证书的人一般比没有职业资格证书的人拥有更高的专业水平和技术能力。换言之，持有职业资格证书的个体拥有更高的人力资本。不可否认，参与考证的过程本身能丰富个人的相关知识结构，提升劳动者个体劳动资本储备。当然，从本质上看，劳动者或潜在劳动者的能力提升是影响其收入的核心指标，但个人能力在劳动力市场不易被识别和量化，劳动力市场正好需要通过这一中间介质——"职业资格证书"来反映。由此看来，职业资格证书促进收入增加的因素分为两个变量：一是不可观测的职业能力变量，二是可观测持有职业资格证书的变量。

（二）职业资格证书信号标识功能

信号理论对于职业资格证书制度具有重要的价值，职业资格证书被用于解决市场上的信息不对称问题具有长久的历史。尤其是在就业市场上，职业资格证书可以帮助用人企业解决与就业者之间的常见问题——信息不对称，从而显著降低用人企业（单位）选人用人的市场交易成本。

三、劳动者的市场收益是评判制度市场化改革效果的标准

职业资格证书制度的改革既不能单纯关注劳动者的成本投入，也不能只关注证书对收入的促进效应，而应综合判断劳动者投入产出。据调查，我国职业资格证书制度广受诟病的并非获得证书的成本，而是获得的一些证书并不被市场认可、没有含金量。职业资格证书制度既会给劳动者带来一定的成本，也同样可以促进收入的提高，还可以提高就业的效率。只要收集相关数据就不难发现获得职业资格证书的直接经济成本其实相对较少，时间成本和机会成本却是

劳动者需要重视的，并应以此作为是否选择去获得某项职业资格的理性判断依据。换言之，如果劳动者花费大量的时间和机会成本，获得的是高含金量的职业资格证书，此时的成本实际是可以被将来获取的收益稀释的，即收益越大，成本就会显得越低。

第六章　职业资格证书制度改革与制度评价体系

第一节　职业资格证书制度建立基础分析

一、发达国家职业资格证书制度根植于社会自治

英国是较早实现工业化的一批国家，也是最早建立职业资格证书制度的国家之一。早在 19 世纪中叶，随着市场经济发展先后出现了许多行业学会和协会，这些行业协会以团体（机构）会员为主，不同专业学会、协会对专业人员的资格制定标准，实现了对个人资格评价和管理早期的社会化管理。学会通过对申请人的学历、职业实践年限进行审查，并通过考试或考核的方式来认定该专业人员是否达到学会制定的标准。合格的人员通过注册即可以成为会员，并获得该学会的资格称号。会员需要遵守学会章程、缴纳会费，同时要遵守相应的职业道德标准，并定期接受一定的继续教育，以保持会员的专业水准。美国也是实行职业资格制度较早的国家之一，而且形成了完整的法律体系和管理体系。美国职业资格的特点在于并不是由联邦政府进行统一管理，而是以州政府为单位实行区域管理，其职业资格一般可分为两类：法律管理类和行业管理类。对某些责任重大、社会通用性强、关系公众利益的专业（工种）以明确的法律法规规定为依据实行强制性行业准入。行业管理类职业资格是由行业自律管理。澳大利亚的职业资格制度管理模式和美国相仿。澳大利亚对专业和技术资格管理的特点是依法管理和自律管理，行业组织在管理中发挥了重要的作

用，并具有很强的权威性。① 整体来说，英国、美国、德国、澳大利亚、日本等发达国家的职业资格证书制度的建立时间很早，制度建立初期都主要以行业协会自律的方式来运行。

二、我国职业资格证书制度的计划经济烙印

根据制度的来源，我们可以将制度分为内生制度与外生制度、渐生制度与激生制度、诱致制度与强致制度。显然我国的职业资格证书制度应该属于外生制度、激生制度和强致制度。笔者认为，我国的职业资格证书制度基于上述特点，制度的有效性受到了较大的限制。另外，我国职业资格证书制度建立之初因为行政机关设立的原因，由不同的部门负责，原人事部负责执业资格，原劳动部负责从业资格，两种不同类型的资格也因为其不同的发展过程和不同的特点在我国的劳动力市场上发挥了不同的效用，取得了不同的社会反馈。

（一）从业资格证书

人力资源和社会保障部在 2017 年和 2019 年先后发布的《国家职业资格目录》均把职业资格分为准入类和水平评价类职业资格。水平评价类职业资格的内涵对应从业资格②，从业资格在职业资格证书制度确立之初由原劳动部负责。前文已经介绍过，因劳动部对从业资格坚持普及化的大范围推进，在资格证的适用上又采用了"准入制"资格的操作，但是，从业资格证书的社会反馈效果并不好，这也是本轮职业资格证书制度改革中大幅缩减从业资格认证的重要原因。

《人力资源社会保障部关于公布国家职业资格目录的通知》指出，设置水平评价类职业资格，其所涉职业（工种）应具有较强的专业性和社会通用性，技术技能要求较高，行业管理和人才队伍建设确实需要。这与此前《职业资格证书制度暂行办法》对从业资格的条件规定相比：一是范围更窄了，主要体现为"较强"和"较高"两个限定词；二是增加了一个合理性条件，即"确实需要"。该通知内容可以视为对《职业资格证书制度暂行办法》的修订，体现了国家归口管理职业资格的职能部门的改革态度，这样调整的结果其实是对原从

---

① 陶建明. 英国、美国、澳大利亚建设管理专业人员执业资格制度比较研究［D］. 重庆：重庆大学，2003.
② 《职业资格证书制度暂行办法》第三条规定，从业资格是政府规定专业技术人员从事某种专业技术性工作的学识、技术和能力的起点标准。

业职业设定条件的否定，使得现在的水平评价类职业资格的岗位设置条件更接近于准入类职业资格。

（二）执业资格证书

执业资格，即现在《国家职业资格目录》中的准入类职业资格，在我国的不同阶段和不同规范性文件中的名称有所差异。执业资格在建立之初，原人事部采取了相对审慎的态度，在资格的设定过程中采用了逐步推进的策略，相关资格的设置主要都是原人事部和具体的业务负责部门经过沟通并履行相应的法律程序而确立的。加之执业资格所涉及的职业（岗位）普遍是社会上专业性更强的职业如律师、医生等，考核标准也相对严格，通过率一度也非常低，所以执业资格证书常常被社会认为是含金量很高的资格证。

《人力资源社会保障部关于公布国家职业资格目录的通知》的内容相较之前《职业资格证书制度暂行办法》的规定，有以下几点变化：一是在设定的岗位条件上采取列举的方式增加了"涉及国家安全、公共安全、人身健康、生命财产安全"；二是增加了法律依据的规定，"有法律法规或国务院决定作为依据"。这样的变化体现了国家对于设置准入类职业资格更为审慎的态度和设置行政许可过程中更加注重依法行政的要求。

第二节　三维评价指引职业资格证书制度改革

一、职业资格设置的有效性评估

（一）准入类职业资格对自由的限制

尽管设置准入类职业资格具有筛选劳动力市场主体并对他们进行识别和规制等积极作用，但准入资格设置的同时也可能存在着较大的负面作用。职业资格证书制度目前发现的最大风险在于对劳动市场准入的限制，这可能极大影响其他潜在劳动者的职业自由权和自由竞争。如果某一行业的门槛过高，执业资格证发放过少，那么社会公众获取该行业相应服务的成本将会显著增加，同时服务覆盖范围也将受限。有的学者认为职业资格设置改善劳动者的收入的重要手段就是限制自由竞争（Kliener、Krueger）。欧美等更早建立职业资格制度的国家面临的问题是，当发放职业资格证书的权力被授予行业协会等自治体本身时，限制竞争的风险变得更为突出，这些行业协会因成员结构相对稳定且具有普遍的共同利益而形成一个小的身份体①，协会身份体为了其相对独立的利益可能会限制竞争从而提高内部成员的收益，有的甚至作为利益集团而影响立法的进程。

正是因为意识到诸如准入类职业资格等行政许可行为容易限制自由竞争、影响市场活力的问题，国家才把"简政放权"的改革推进到了职业资格证书制度的领域。但是，就如经济发展一样，一个行业也好，一个职业也好，通常都会经历出现、发展、繁荣再到管理规制阶段。设置准入类职业资格属于政府的一项规制工具。既然是工具，使用得当就会发挥积极作用，如使得劳动力市场健康、有序；使用不当不但很难起到有效管理作用，反而会限制管理对象的发展。所以，对准入类职业资格设置是否合理、恰当应进行两个方面的评估：一是是否对可以通过劳动力市场自主管理的职业不当地设置了准入职业资格；二是对需要设置职业资格来规制的职业，职业资格设置的条件是否适合、程序是否得当、发放的职业资格证书的数量是否与市场需求基本吻合。

（二）职业资格的设置成本

职业资格证书制度明显会对职业资格证发放者和申请职业资格证的劳动者双方产生成本。有的学者认为职业资格许可成本是指职业许可程序的直接成本，既包括职业许可机关（行政主体）的运行成本，也包括职业许可申请人（行政相对人）遵守该程序所付出的代价。② 对行政机关而言，实施职业资格证所需的成本取决于以下几个方面：申请职业资格的数量、职业资格证的考核、发放条件和数量及其复杂程度以及申请、审查和公示等程序机制的设计。在立法确立一项职业资格之前，应当对可能的申请数量进行大致的估算。当申请的数量相对较少，而实施职业资格的政策性因素又很强时，实施成本的考虑可能并不会是阻碍许可设定的主要原因。然而，当可能的申请者数量较多，设定许可时就应当充分考虑实现制度目标的其他可行方案。同样，职业资格设定条件和程序的设置与实施，所需考量的核心因素也是与职业资格证书制度目标的匹配性。政府决定对劳动力市场的部分管制通过职业资格证书制度实现时，需要考虑监管规则的设计、考核、申请与实施的便利性以及与职业资格证书制

---

① 马俊驹，童列春. 身份制度的私法构造［J］. 法学研究，2010（2）：59-71.
② 高景芳. 职业许可程序的法经济学分析［J］. 中国劳动，2016（18）：4-8.

度目标的匹配性。国外大量研究均认为，与复杂且特别的规则相比，那些更为简单而平常的规则通常更具有优势。

目前，我国职业资格证书制度改革关于制度可能产生的成本主要考虑其对劳动者申请职业资格时考取职业资格证书的直接成本，如参加考试培训的相关费用以及需要向管理机构支付的费用（本书上一章已经就劳动者取得职业资格的成本进行过分析，劳动者支付的成本不限于直接成本，还包含时间成本、机会成本等）。实际上，我国的职业资格证书的运行成本主要考虑劳动者申请方付出的代价，主要有两个原因：一是职业资格管理机关已经将成本通过收费转嫁给了申请者；二是我国职业资格的管理方式相对粗放，并未考虑实现职业资格科学管理的间接成本。

二、职业资格证书制度相关主体的权益保护及公平性分析

（一）从业人员职业资格身份权保护

本书第二章介绍了对职业资格身份权的界定及其人权和财产权的二元属性，但是目前我国的职业资格证书制度涉及的相关法规既没有对持有职业资格证书的执业人员的相关权利进行界定，也没有对持有职业资格证书的执业人员的权益保护做出规定，只是在《行政许可法》第八条规定"公民、法人或者其他组织依法取得的行政许可受法律保护，行政机关不得擅自改变已经生效的行政许可。行政许可所依据的法律、法规、规章修改或者废止，或者准予行政许可所依据的客观情况发生重大变化的，为了公共利益的需要，行政机关可以依法变更或者撤回已经生效的行政许可。由此给公民、法人或者其他组织造成财产损失的，行政机关应当依法给予补偿"，该规定可视为职业资格身份权法律保护的宣示性规定。另外，对持有职业资格证书的从业人员应该如何正当履行权利（职业资格身份权）也缺乏相对统一的规定，仅仅散见于相应职业资格设立依据的法律。

职业资格身份权在人权和财产权二重属性的基础上又可以细分出若干的具体权利，如履行职业的业务性权利、经济权利、荣誉权利、工作条件保障的权利、接受继续职业培训的权利等。只有这些权利得到充分的尊重和保障，职业资格身份权才会变得具体而真实，才不至于成为虚无缥缈的"权利"。立法者在研究相关立法工作中，既要明确职业资格法律地位，也要明确职业资格身份权的法律地位，更要确定权利在整个制度体系中的保障机制。只有确立了明确

的规定后，职业资格证书制度改革才不至于顾此失彼，在弘扬自由的内在价值的过程中，捍卫公共利益。

（二）普通劳动者的职业自由权保护

目前已经完成了的职业资格证书制度的改革，是一场以削减职业资格认证为基调的改革，改革成果在数字上体现为原有职业资格认证项目的70％被削减。这场改革可以视为在政策层面对市场有效性的充分信任和对过去政府管制干预的彻底摒弃。虽然这次职业资格证书制度改革只是国家行政体制改革的一部分，改革的牵头部门主要还是从市场经济效益的层面来设计考虑的，但是部分学者提出改革"应同时理解为自由内在价值的追求、对自由意志的崇尚"[①]。因此，在职业资格证书制度的改革和重构过程中，我们有必要在制度构建时科学研判，从而在制度实施和运行后取得最佳的"投入产出"比。而这样的科学研判，不仅需要关注制度的经济成本和经济产出，也要关注牵涉制度之中的取得职业资格的从业者的职业身份权和普通劳动者职业自由权的保障。职业自由权具有与更广义的"自由"相似的属性，职业自由也不是一种绝对的自由，合理地设置职业资格也是对劳动者获得职业自由的机制性保障。

（三）对公共利益的保护

发达国家建立职业资格证书制度的重要价值就是对公共利益的保障，通过职业资格以消除信息不对称，保护除了取得职业资格的从业者和普通劳动者以外的普通公众。但是，事实上我国的职业资格证书制度无论是当初的初步建设，还是2007年启动的清理整顿改革，"公共利益保护"似乎并未引起政策制定者或立法者的重视。职业资格证书制度建设之初，《中共中央关于建立社会主义市场经济体制若干规定》指出"要制定各种职业资格标准和录用标准，实行学历文凭和职业资格两种证书制度"，至2017年，人力资源和社会保障部发布了对制度的改革方案，但其中的指导思想、基本原则、目标任务和工作措施均未提及对公共利益的保护。由此看来，我国的职业资格制度建设可能对保护公共利益这一重要价值关注还不够。

---

① 陈端洪. 行政许可与个人自由 [J]. 法学研究，2004（5）：25—35.

三、职业资格证书制度与相关制度的契合

（一）法律制度的契合度

职业资格证书制度无论是从管理功能还是法律制度功能来看，都具有相当的复杂性，其内容既涉及行政法法律制度、劳动法法律制度、教育法律制度，还涉及民事法律制度。此前的制度建设和改革更多着眼于其行政管理职能，忽视了对制度进行宏观和综合的研究。但从法律制度的四性，即必要性、合法性、协调性和可操作性来看，协调性和可操作性正是制度的问题所在。整体看来还存在以下几个方面问题：一是现有制度和制度改革还保留着计划经济体制和行政化的烙印，无论是当初的制度移植建设还是目前的《进一步减少和规范职业资格许可和认定事项的改革方案》，都体现了计划经济体制自上而下的简单行政化命令式的安排，缺乏制度的法律理论构建。二是一些基本规则不合法理，内在体系不顺。一方面大力取消、削减国家职业资格，在政策上堵住了"学会自行设置"的机会，法律上也缺乏"自行设置的依据"；另一方面却宣传"更多发挥企业、行业和社会组织在人才评价中的重要作用"。三是轻重失衡，在法律制度上表现为重公法轻私法，重设定许可轻监督执行。四是法律制度缺乏可操作性，作为一项为提高劳动力交易效率和保障公共利益的法律制度，缺乏必要的救济渠道。总之，对我国职业资格证书制度从体系化、科学化的角度予以分析，不难发现这个体系在法律思想基础、法律制度方面存在一定缺陷。当然，这些缺陷并非无法弥补，特别是在我国民事法律制度不断完善的过程中，或许能为职业资格证书制度体系的完善找到民法角度的出路。

（二）与我国劳动权利保障制度的契合

职业资格证书制度既是劳动者权利的一种保障制度，也是劳动权利的一种限制制度。劳动权利是宪法和法律确立的公民基本权利之一，它的部分权利的行使会受到职业资格证书制度的影响。我国《劳动法》《劳动合同法》《就业促进法》相关法律对劳动权利做出了详细规定，并共同组成了劳动权利保障制度法律体系。其中《劳动法》明确规定了劳动权利的具体内容，并通过为国家和用人单位设置相应的义务为劳动权利的实现提供了必要的保障。《劳动合同法》则以劳动者与用人单位建立劳动关系为主要规范对象，对劳动合同签订的主体、内容、期限进行了严格的规定。而《就业促进法》对劳动权利保障的规定

则包含了劳动者接受职业教育和培训的权利，其第四十八条规定"国家采取措施建立健全劳动预备制度，县级以上地方人民政府对有就业要求的初高中毕业生实行一定期限的职业教育和培训，使其取得相应的职业资格或者掌握一定的职业技能"，第五十一条规定"国家对从事涉及公共安全、人身健康、生命财产安全等特殊工种的劳动者，实行职业资格证书制度"。

显然，从我国目前职业资格证书制度的改革情况来看，《就业促进法》第四十八条规定的"职业资格"与《进一步减少和规范职业资格许可和认定事项的改革方案》中的"职业资格"显然有不同的内涵。职业资格证书制度改革进一步协调与劳动权利保障制度的关系，仍将是需要继续努力的方向，一是使劳动者的基本权利行使不受到不当的限制，二是将制度包含的接受职业教育和职业培训的权利落到实处。

（三）与我国职业教育制度的契合

职业资格证书制度与职业教育制度的契合度在很大程度上决定了一个国家的职业资格证书体系能否发挥出应有的效能。本书已介绍过其他发达国家的职业资格体系的建设情况，特别是以英国为代表，介绍了其将职业教育制度全面嵌入职业资格证书制度。一方面职业资格证书制度可以引导普通劳动者加大人力资本投资，从而改变或提高一个国家的经济增长模式；另一方面完善的职业教育制度又是职业资格证书质量的前提保障条件。我国职业资格证书制度建立的初衷是替代计划经济时代的工人技术等级考核制度，因制度建立时的目标就定位于一项评价考核制度，所以制度设计时就没有把相关教育制度纳入制度考量的范畴。虽然1996年9月实施的《职业教育法》第一章第八条明确指出"实施职业教育应当根据实际需要，同国家制定的职业分类和职业等级标准相适应，实行学历文凭、培训证书和职业资格证书制度"，但是，可以看出这是对职业教育要适应职业等级标准的要求，这条规定在现实的实践中变成了各种中职和高职学校单一地把各种职业资格考试作为学校教育培训的"指挥棒"。

党的十九大报告指出应"完善职业教育和培训体系，深化产教融合、校企合作"，无论产业与教育的联系，还是学校与企业的联系，根据英国的职业资格系统改革的实践来看，职业资格证书制度可以很好地将产业、企业与职业教育联系起来。职业资格证书制度往往还可以对职业教育起到外部支撑作用和内部指导作用。[①] 因此，我国接下来的职业资格证书制度改革不能只是一味地削减和弱化，应当在大力发展职业教育的情况下，深化高技能型人才的培养，科学运用职业资格证书制度，在提高人力资本知识水平以及提高技术水平的同时，有效地促进产业结构调整，进而改善城乡二元经济，缩小区域经济差异，这对一个国家（地区）经济的转型乃至升级具有重要意义。

第三节　职业资格证书扩张、缩减与制度有效性分析

一、职业资格证书扩张缩减的实证分析

1995 年 1 月 17 日人事部印发《职业资格证书制度暂行办法》，职业资格设置总量急速增加；2013 年国务院分 7 批审议通过取消 434 项职业资格许可和认定事项（其中公布 429 项，其余为涉及修法事项），《国家职业资格目录》保留了 140 项。本书收集了 1996—2016 年职业技能鉴定的基本情况，如表 6－1 所示[②]。

表 6－1　全国职业技能鉴定综合情况（1996—2016 年）

年　份	职业技能鉴定机构数（个）	考评人员人数（人）	本年鉴定考核人数（人）	本年获取证书人数（人）
1996	5682	37859	2685695	2146895
1997	5752	50779	3141832	2786360
1998	6878	70466	3194218	2858782
1999	7820	97209	3678723	3141392
2000	8179	128033	4421880	3726619
2001	8336	143068	5348001	4570081
2002	8517	175247	6619012	5562607

---

① 肖鹏程. 我国职业资格证书制度演变对职业教育的影响研究 [D]. 上海：上海师范大学，2015.

② 国家统计局人口和就业统计司，人力资源和社会保障部规划财务司. 中国劳动统计年鉴（2017）[M]. 北京：中国统计出版社，2018.

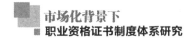

续表6-1

年 份	职业技能鉴定机构数（个）	考评人员人数（人）	本年鉴定考核人数（人）	本年获取证书人数（人）
2003	7252	155971	6875444	5839222
2004	9438	197821	8796272	7360975
2005	7654	164442	9577395	7857292
2006	7998	161596	11821552	9252416
2007	7794	158186	12231413	9956079
2008	9933	203883	13374707	11372105
2009	9538	232060	14920761	12320051
2010	9803	210497	16575457	13929377
2011	10677	194795	17459327	14820504
2012	10963	213403	18305470	15487834
2013	9865	252662	18385729	15366664
2014	9521	215761	18539992	15542766
2015	12156	264237	18941156	15392295
2016	8224	282782	17554798	14461529

备注：数据截至2016年3月。

2013—2017年，国家职业资格削减比例虽然达到了70％，但是期间参加鉴定和获得证书的人数并没有大的变化，只是获得证书的人数2015年、2016年相对上年人数略有下降，下降的原因可能是项目削减，但是也不排除经济增速放缓或产业调整的因素。从以上情况可以做出一个基本推断，就是劳动者和劳动市场并未失去对职业资格证书的热情，改革削减的项目可能多数是本来就没有多少人参加的"僵尸"项目，本就已被劳动力市场所冷落。职业鉴定机构数从1996年开始逐年递增，2012年达到峰顶，2013年开始逐年递减（除了2015年违反规律大幅增加，不排除统计口径和标准变化带来的数据变化），这反映了国家的这轮改革的确对职业鉴定机构数量产生了明显的影响。考评人数逐年递增，即便是2013年后考评人数依然在逐年递增，这反映了无论是需求方还是供给方都是热度不减。

二、信赖保护制度在职业资格证书削减时的适用

（一）对行政许可类职业资格中适用的一般性规定

《行政许可法》第八条规定："公民、法人或者其他组织依法取得的行政许可受法律保护，行政机关不得擅自改变已经生效的行政许可。行政许可所依据的法律、法规、规章修改或者废止，或者准予行政许可所依据的客观情况发生重大变化的，为了公共利益的需要，行政机关可以依法变更或者撤回已经生效的行政许可。由此给公民、法人或者其他组织造成财产损失的，行政机关应当依法给予补偿。"该条文可视为行政许可类职业资格的一般性法律规定。该条文为行政类职业资格提供了法律上的安定性保障，其包含了两层意思：一是对"行政机关"的权利做出了限制，明确了不得擅自变更或撤回具备法律效力的职业资格即行政许可，同时也明确了任何公民根据法律所获取的职业资格受法律保护。也就是说依法获得的职业资格具有法律效力且不能被随便变更与撤回。二是相关的行政部门可以变更或撤回合法职业资格的法定情形只能是"所依据的客观情况发生重大变化或为了公共利益的需要"。从《行政许可法》第八条的内容可以看出变更或撤回合法取得的职业资格是受公共利益约束的。

从《行政许可法》第八条所包含的内容可以看到：行政许可类职业资格权利人可以依据合法行政许可得到法律保护与经济补偿。行政机关只能通过对计划变更或撤回已有的职业资格所带来的公共利益进行客观的全面比对来做出决定。只有在为了公共利益的需求时，对公共利益有害的职业资格才是可以变更或撤回的。根据这一内容可以看出，变更或撤回合法职业资格应是受公共利益约束的，而目前的改革并未突出该规定的使用。

（二）对违法或无法律依据的行政许可类职业资格适用规则

《行政许可法》第六十九条的规定为违法或无法律依据的行政许可类职业资格的撤销提供了适用规则。该条文明确指出了可以撤销的行政许可类职业资格的五种情形以及应当撤销行政许可类职业资格的一种情形；同时，该条文还明确了拥有撤销决定权的主体是行政机关或上级机关；另外，尊重相关利益人的要求也是做出撤销行为的重要条件。除此之外，从第六十九条的规定还可以得知，"可能对公共利益造成重大损害"是撤销违法行政许可类职业资格的理由。第六十九条第一款"行政机关工作人员滥用职权、玩忽职守作出准予行政

许可决定"和第二款"超越法定职权作出准予行政许可决定"之规定相对其他三款情况更为特别。依照这两款的情形来撤销行政许可类职业资格可能会对公共利益造成巨大损失的则不能撤销。如果根据第一款撤销行政许可类职业资格时职业资格权利人的正当利益遭受侵害，其损失应该由行政机关依法予以赔偿；但如果根据第二款条文来撤销行政许可职业资格，职业资格权利人则得不到经济赔偿。第六十九条规定诠释了信赖保护制度在违法行政许可类职业资格方面的适用原则，明确了在哪些情形下能撤销资格，哪些情况才能让因违法被撤销而导致损失的职业资格权利人得到赔偿。

由此看来，我国对职业资格的削减无论是一般性规则还是对违法和无法律依据的职业资格的适用规则，目前《行政许可法》的规定可以遵循。立法上处理违法行政许可类职业资格采用的信赖保护的原则是可以撤销，并在其中一些情况下对其予以经济赔偿。立法还特别强调了撤销行政许可类职业资格时如果会给社会公共利益带来巨大损失则不应撤销。这并非违背信赖保护原则，而是在信赖保护和公共利益之间的一种平衡，在权衡二者的重要性时显然选择了公共利益。

四、职业资格证书制度改革的评价机制建设

（一）民法视角职业资格证书制度中的信赖保护价值

职业资格证书制度价值的高低很大程度取决于社会对职业资格证书的信赖程度。换言之，信赖程度越高，它对社会成员来说价值就越大，它的利用率就越高。[1] 在哪些条件下，某种信赖需要得到法律的保护？通常情况下从经济学的价值判断来看需要具备四点要素：第一是信息成本的不对称性，即信息的获取对于交易双方的成本分配不均；第二是信息具有生产性价值；第三是有信赖溢价的空间；第四是有投机主义的风险存在。显然，职业资格证书制度建立的基础关系主要来自两个大类：一是具有特殊技能的专业技术人员与劳动力使用单位（企业）之间，二是这样的劳动者作为服务的提供者与服务的接受者之间。通过分析容易发现，无论哪一种关系建立所依靠的信赖都具备四个要素，也就是说职业资格证书制度建立所需的信赖既具有经济学意义上的价值，又具

---

① ［德］汉斯·贝恩德·舍费尔，克劳斯·奥特. 民法的经济分析［M］. 江清云，杜涛，译. 北京：法律出版社，2009.

备通过法律保护的必要性。当职业资格证的信赖得到充分保护后，对于提高劳动者与雇主、劳动者与消费者之间的交易效率具有显著的作用。

（二）制度改革中的公共利益与信赖利益的权衡规则

在我国的职业资格证书制度改革过程中，信赖保护制度主要针对的是制度改革导致的公共利益的变更、撤销或撤回以及保护职业资格相对人应享有的信赖利益。上述两种利益权衡并不应对信赖保护制度产生冲突，只是对保护的取舍、选择产生重要影响：若改革目标所追求的公共利益并不比信赖利益大，则应选择存续保护方式来维护权利人和相对人的信赖利益；若判断改革换来的公共利益远远超过信赖利益，那么就有必要通过财产赔付的方式来维护和补偿职业资格相对人的信赖利益。上面两种保护方式对职业资格涉及的相关行政主体的信赖利益的保护程度和对职业资格相对人的信赖利益的保护程度不同，采用存续保护的方式显然更能保护与职业资格相关联的个体的信赖利益。所以，一定要明确改革涉及的具体某一职业资格的个人利益和公共利益所依据的判定标准，同时还要注意对这两种利益带来影响的具体职业资格证书制度改革实施部门选择信赖保护方式的裁量权。通常来说，改革实施部门在行使具体改革决定权或决策权时，需要针对具体职业资格涉及的个人利益和公共利益进行量化，最终得出一个有数据依据的判断，以此来决定某一职业资格的改革方向。

只有对职业资格涉及的公共利益进行量化，才能为职业资格提供真正科学的改革动因。需要明确的是，这里的量化并非单一从经济的价值大小来衡量具体改革事项的利益属性是公共利益还是个人利益，而是通过法律价值层面中表现出来的公共利益来裁定，即在衡量职业资格相关公共利益的过程中，对公共利益涉及的参与人、职业资格的性质及社会发展对诸如劳动自由等公共利益需求程度等多方面进行综合考量。具体而言，要对一个具体职业资格改革涉及的利益属性进行判断，可以采用第三方评价的方式，例如公众听证、专业评定机构评审等。

对职业资格相对人的信赖强度进行权衡，是职业资格证书制度改革的另一重要决策依据。是否适宜对某一职业资格进行削减或调整，需要对该职业资格相对人的信赖强度进行综合衡量。进一步说，对信赖利益的实际构成进行解析是量化信赖程度的基础。有研究信赖利益的学者指出，信赖利益主要是指公民从某些固定人或对象所预期获得利益的综合结果。信赖利益往往可分为既得利益与期待利益两大部分。所谓既得利益是指以信任为基础进行的预期投资量；期待利益，顾名思义指某人基于对职业资格的一种预期性判读，通过前期投入而期望后期相应获得一定的利益。另外，信赖利益还有一种构成情况其即还包括一种成本：成为与职业资格相关的人需要前期付出的一定支出。其原因就在于行政许可类职业资格是产生信赖利益的重要前提，职业资格的撤销、规整等调节过大会引起信赖利益的连锁反应。先决成本正是前期获得许可"通行证"的前提条件。同样，先决成本也容易引发相应的反应，对相关承担责任人造成不可逆的损失，其对信赖利益的负面作用不言而喻。信赖强度表现为实施职业资格证书制度过程中相关单位和个体对职业资格的信任度和某些职业资格进行调整或变更带来的损失量。职业资格相对人所获的信赖利益与其对职业资格信赖强度成正比。相应的信赖程度可用于具体判断职业资格证书制度改革中各类个案的数据分析，在对职业资格信赖强度进行判断的应主要关注以下几组关系：①不同类型和行业职业资格的信赖程度在劳动力市场和社会上是普遍存在一定差异的，长期实施和社会普遍认可的高含金量职业资格显然比只具有短期运用和市场本来认可度不高的职业资格有更高的信赖竞争能力。②行政许可类职业资格的权威往往来自国家的公权力，相对于社会行业组织的水平评价类职业资格，其权威程度和影响力必然会成为信赖竞争力的重要砝码，相关职业资格的权威程度与所获得的信任程度正相关。③强制性职业资格在我国往往会比水平评价类职业资格对社会产生更大的影响。

比例原则用于职业资格证书制度改革中的公共利益与信赖利益的权衡也具有现实价值，在设定改革目标时应确定科学合理的公共利益和信赖利益的平衡点。姜明安教授曾指出"平衡"在职业资格证书制度改革中的具体表象体现为比例均衡，即比例相对应之意。因此，在制订职业资格改革计划时，应对改革所涉及的社会和市场背景进行充分的考量，即对公共利益和信赖利益的考量必不可少，从而保证国家制定的制度改革方案对公众与职业资格权利人、相关人利益的均衡。当选择改革的方向倾向于公众利益时，若信赖利益不能得到全面补偿，则应立即启动财产保护模式。同时，在开启财产保护模式时，仍然应注意将权利人或相对人受到的损失降到最小。如果比例原则在改革中得到充分恰当的运用，不但能够促使改革政策决策更加科学、依据充分，还能使职业资格权利人的利益得到制度性保障，从而反向提升职业资格证书制度在劳动力市场运用的效果，提高职业资格的整体被认可程度。

（三）劳动力市场效益判断

无论从民法改革还是从行政改革角度审视正在进行的职业资格证书制度改革，从信赖利益角度考量改革的效益和成本都是非常必要的。公共利益和劳动者的自由就业权都是职业资格证书制度需要重视的两个核心要素，要对二者的重要性做价值判断似乎是非常困难的。但是从劳动力的市场效益角度做科学的经济学意义上的评价，却是切实可行的。职业资格认证的直接或间接成本、减少的就业机会等都可以视为是制度性成本。同时，提高的交易效率可以视为制度性收益。以劳动力市场效益判断作为职业资格证书制度改革的标尺无疑是一种理性的选择。

第七章 民商事制度视角下国家职业资格 目录制度完善

第一节 国家职业资格目录与职业分类大典的疏离

一、职业资格目录与职业分类缺乏有机联系

（一）职业分类大典

职业资格证书制度本应与职业分类密切相关，我国《劳动法》规定，国家确定职业分类，对规定的职业制定职业技能标准，实行职业资格证书制度。历史经验表明，职业资格证书制度与现代社会的职业发展紧密联系，与职业能力的具体要求密切结合，反映特定职业的实际工作标准与规范，以及劳动者从事这种职业所达到的实际能力。要做好这项工作，就必须科学地论证和确定职业类别，并在此基础上制定相应的职业资格标准。职业分类是形成产业结构概念和进行产业结构、产业组织及产业政策研究的前提，也是对劳动者及其劳动行为进行分类管理、分级管理及系统管理的需要。《职业分类大典》在广泛借鉴国际先进经验（特别是《国际标准职业分类》ISCO－08）和深入分析我国社会职业构成的基础上，采用客观性、科学性、合理性、先进性和开放性作为职业划分标准的新原则，并对各个职业的定义、工作活动的内容和形式以及工作活动的范围等做了具体描述，体现了职业活动本身固有的社会性、目的性、规范性、稳定性和群体性的特征。通过职业分类对职业资格的设置进行统一规划和有效规范，有利于国家职业资格框架体系的建立和国家职业资格目录管理制度的实行。

职业分类管理是社会化管理的一项重要手段，对于适应和反映产业结构变

化，特别是人口结构、就业结构变化，人力资源开发与人力资源配置需求等方面都具有重要意义。《职业分类大典》的颁布对于职业规制可以发挥巨大的作用：其一，在国民经济信息统计中具有服务作用，为劳动力需求预测和规划、了解行业或部门经济现状提供主要依据。其二，在人力资源开发与管理中可以起到基础性作用，以职业分类为基础开展的就业人口结构变化和劳动力供求状况研究分析，可以作为人力资源市场政策的重要基础。其三，在开发和扩大就业岗位、规范人力资源市场、职业指导和就业服务、促进劳动者就业创业方面具有极其重要的推动作用。其四，对职业教育培训具有引导作用，因为职业分类是制定职业标准的基础，而职业标准是劳动者从事具体职业所达到的专业和技能水平的规范性要求。因此，职业分类被称为职业教育培训的"风向标"。①

我国的《职业分类大典》最初于 1999 年发布，直到 2015 年才进行全面修订。第一次颁布和第二次修订间隔了 16 年，时间较长。我国在《职业分类大典》的修订周期上应逐渐形成制度机制，及时维护和完善我国的基础数据系统，保证我国职业数据的完整性和动态性，不断推动我国的职业分类工作向前发展。在我国《职业分类大典》中，六类生产制造及有关人员占我国职业总数的 74.8%，但当前我国技术技能型人才的比重还较小。从职业分类层面可以分析得出我国当前的职业结构性缺口，也体现了职业教育大力发展的必要性。② 我国职业分类的特点是管理者分类过于笼统，而对于生产运输设备操作及有关人员分工过于细致，冗杂烦琐，这也折射出中国国情，即劳动密集型产业还是占主导地位的。在 2015 年版的《职业分类大典》中，新兴服务业增加最多。《职业分类大典》的修订很大程度体现了我国经济发展升级对职业种类的影响，也意味着一些职业身份已经消失，一些新兴的职业身份相继出现。

（二）职业资格清单目录设置

2015 年，新版《职业分类大典》颁布实施，2016 年职业资格清理工作基本完成。有的学者曾就国家公布的职业资格目录指出，如何贯彻运用新版《职业分类大典》，规范设置职业资格清单目录，建立职业资格长效发展机制，是

---

① 加强职业分类管理　促进人力资源开发——人社部相关负责人就 2015 年修订版《中华人民共和国职业分类大典》答记者问 [N]. 中国劳动保障报，2015-8-5 (4).

② 陈慧梅，谢莉花. 美国标准职业分类的新发展及其启示 [J]. 当代职业教育，2019 (2)：95-101.

摆在我们面前的重要任务。① 职业分类与职业资格目录设置有天然的联系：首先，职业资格证书制度与现代社会的职业发展、职业能力的具体要求紧密联系，反映了特定职业的实际工作标准与规范以及劳动者从事这种职业所达到的实际能力。其次，职业分类是进行产业结构、产业组织及产业政策研究的前提，也是对劳动者及其劳动进行分类管理、分级管理及系统管理的重要手段。职业分类是职业资格的统一规划和有效规范的基础。2015 版的《职业分类大典》即时反映了我国产业与职业的变化，具有时代性和前瞻性，理应作为国家职业资格目录设置的重要依据。

我们发现 2017 年人力资源和社会保障部公布《国家职业资格目录》时，并未提及《职业分类大典》。从《国家职业资格目录》的内容来看，职业资格分成了专业技术人员职业资格与技能人员职业资格两大类，各自又进一步分为准入类与水平评价类。目录发布的主要目的是贯彻国务院推进简政放权、放管结合、优化服务的改革部署，因此并未将产业调整、人才培养以及职业资格的发展空间纳入考量的范围。

二、职业资格目录是政府权力清单组成部分

制定职业资格目录为我国独创，其他发达国家的职业资格的设置都是在漫长的社会经济发展过程中逐渐完成的，例如美国的职业资格设置近年来还在陆续增加。英国的 NVQ 和 GNVQ，在我国被普遍翻译成国家职业资格证书和普通国家职业资格证书，且被很多学者作为我国职业资格证书制度借鉴的模板，但严格来说主要是英国的一项教育标准化体系。应该说我国制定《国家职业资格目录》是国家全面推行现代政府权力清单制度改革的组成部分，它是我国行政体制改革的抓手和突破口，同时其在推进职业资格证书制度改革中被寄予厚望。推进国家职业资格目录制度，是国家在劳动力市场管制方面实现全过程、协同化、法治化、制度化的重要举措。改革开放以来，我国不断推进行政体制改革，政府对劳动力市场的管理机制不断完善。但是客观来看，我国政府在相关领域权力运行的科学民主抉择机制尚未健全，体现在职业资格设定方面是有权无责。为此，权力清单作为限制政府权力的重要制度在我国经历了较长时间的实践，职业资格目录作为权力清单制度在职业资格的行政许可权限制的制度

---

① 谢晶，孙一平，黄梅. 活用《职业分类大典》规范设置职业资格清单目录［J］. 中国人力资源社会保障，2017（5）：18−19.

实践很早就被纳入了职业资格证书制度改革的计划。2014 年我国各省先后掀起了推行政府权力清单的高潮，2017 年国家正式公布《国家职业资格目录》。

第二节　国家职业资格目录设置

一、对《国家职业资格目录》准入条件的分析

（一）准入类职业资格

本书第一章已经初步介绍了把公共利益作为设立职业资格正当性理由已经形成了共识。我国在《人力资源社会保障部关于公布国家职业资格目录的通知》也明确设立准入类职业资格的职业（工种）条件为：关系公共利益或涉及国家安全、公共安全、人身健康、生命财产安全。[①] 笔者按照该通知所列举的方式对 2017 年《国家职业资格目录》内的准入类资格进行了初步的分类，如表 7-1 所示。

表 7-1　国家职业资格目录设立条件分类

类型	国家安全	公共安全	人身健康	生命财产安全	其余公共利益	合计
专业技术人员准入类职业资格	2	9	4	1	20	36
技能人员准入类职业资格	1	3	1	0	0	5

通知中指出的职业（工种）条件在公共利益与涉及国家安全、公共安全、人身健康、生命财产安全之间用的关系词是"或"，但是在分类过程中发现公共利益与后面的几种情况其实并非非此即彼的关系，而应该是一种包含与被包含的关系，否则通知扩大了《行政许可法》第十二条对设置行政许可范围。另外，《国家职业资格目录》中包含了 41 项准入类职业资格[②]，国家安全、公共安全、人身健康、生命财产安全被视为公共利益应该不难理解（约占准入类职业资格的一半），其余被列入公共利益的职业总体上能被普通公众理解，但是

---

① 2019 年《国家职业资格目录》减少了准入类"会计从业资格"一项。

② 2017 年 11 月《中华人民共和国会计法》修订，取消了对"会计从业资格"的要求。

其中也有部分职业是否属于涉及公共利益仍然值得商榷，如拍卖师、演出经纪人员均属于部分职业领域的专业人员，多数公众一生也难以与这类从业人员发生交集。由此可见科学的公共利益判断机制对于制定职业资格目录的重要性。

（二）水平评价类职业资格

《人力资源社会保障部关于公布国家职业资格目录的通知》指出设置水平评价类职业资格的职业条件为"其所涉职业（工种）应具有较强的专业性和社会通用性，技术技能要求较高，行业管理和人才队伍建设确实需要"。但是，正如前文所述，水平评价类职业资格其实本身并非严格意义上的"资格"，并不具有对劳动者进入相应职业的限制作用。有的学者对于我国目前进行的职业资格证书制度改革建议要"从重视准入类职业资格转为加强水平类评价资格"[①]。为何人力资源和社会保障部的通知中要对水平评价类职业资格设置这样严格的范围条件呢？笔者认为，加强对劳动者的职业能力的科学评价体系建设应该依然是我国将来的发展方向，做出这样严格的限制可以解读为政府职能转变的要求。政府部门一方面要杜绝既当"运动员"又当"裁判员"的现象发生；另一方面要管好分内之事，不必由行政干预的事务要交给市场、交给社会组织。从 2017 年公布的《国家职业资格目录》来看，对于水平评价类职业资格的改革仍然是不彻底的，专业技术人员职业资格中还保留了 23 项水平评价类职业资格，其中 20 项仍然采用××资格的名称。而通知规定行业协会、学会等社会组织和企事业单位依据市场需要自行开展能力水平评价活动，不得变相开展资格资质许可和认定，证书不得使用"中华人民共和国""中国""中华""国家""全国""职业资格"或"人员资格"等字样和国徽标志。这样的规定存在的问题包括：①仍然容易造成社会公众和劳动者的误解，认为其都是一种准入类职业资格认证；②虽然法律上和《国家职业资格目录》上规定了只有准入类职业资格才能作为"与就业创业挂钩"的条件，但是这样的名称同样也给了具体负责实施的部门和工作人员人为操作的空间；③形成一种制度性的新的不公，同样是水平评价，虽然不限制行业协会、学会等社会组织和企事业单位进入，但是厚此薄彼，国家行政部门的认证可以使用"资格"二字，而协会、学会等却不能使用。

---

① 曹晔，盛子强. 我国职业资格证书制度的历史、现状与趋势 [J]. 职教论坛，2015（1）：70-75.

二、职业资格目录构建程序性和内容性规定还需完善

（一）职业资格目录申报

我国目前的行政法规和相关政策性规定并没有关于职业资格目录申报的程序性规定，只是就行政许可类职业资格做出了相关规定，水平评价类职业资格管理和动态调整目前仍然处于法律和政策的"盲区"。《行政许可法》第二章对行政许可的设定做出了规定，包括行政许可的范围和不同层级行政部门设定的职权分配，同时也规定设定部门和实施部门要建立定期评价机制。其中，第十二条第三款"提供公众服务并且直接关系公共利益的职业、行业，需要确定具备特殊信誉、特殊条件或者特殊技能等资格、资质的事项"是设定准入类职业资格的法律依据，但是国家职业资格目录的程序性规定却相对缺乏。2013年国务院印发了《国务院关于严格控制新设行政许可的通知》（国发〔2013〕39号），规定了"规范行政许可设定审查程序"，应视为现阶段准入类职业资格设定的主要程序性规定；要求"起草单位和审查机关都要深入调查研究，加强合法性、必要性和合理性审查论证"，明确了起草机关和审查机关的审查义务；还要求编制办"对起草单位提出的拟设行政许可意见进行审查……是否会造成与其他机构的职责交叉等提出审核意见"，为避免重叠设置职业资格提供了制度保障。另外，对职业资格认证在执行过程中的监督，该通知也做出了相应规定，再次强调了定期评价，还对"以备案、登记、年检、监制、认定、认证、审定等形式变相设定行政许可"做出明令禁止。

（二）职业资格目录整体化构建

职业资格目录的全覆盖核查机制还有待建设，目前的政策和法律对于职业资格目录的核查仅限于准入类职业资格范畴，目录建设从"碎片化"到"整体化"依然任重道远。《行政许可法》第二十条"行政许可的设定机关应当定期对其设定的行政许可进行评价；对已设定的行政许可，认为通过本法第十三条所列方式能够解决的，应当对设定该行政许可的规定及时予以修改或者废止。行政许可的实施机关可以对已设定的行政许可的实施情况及存在的必要性适时进行评价，并将意见报告该行政许可的设定机关"的规定是职业资格证书制度应建立定期评价和核查制度的法律依据。另外，《国务院关于严格控制新设行政许可的通知》（国发〔2013〕39号）关于规范行政许可设定审查程序要求

"国务院法制办应当对法律草案、行政法规草案拟设定的行政许可进行严格审查论证"。

虽然职业资格目录制度已经取得一定成效，但目前还存在较严重的"碎片化"问题。目录内部的职业资格项目多是由实施部门设立的，基于部门视角进行的职业资格项目设置，缺乏劳动管理部门的统筹和管理，项目与项目之间呈现"分割化"态势，而且目录内部的"专业技术人员职业资格"与"技能人员职业资格"之间、准入类职业资格与水平评价类职业资格之间也缺乏有机衔接。因此，应整体化构建相互协调的权责目录体系，强化目录建设中的顶层设计和劳动管理部门的统筹协调，在不同部门权责目录的建设上，采取统一编制的方式。通过强化劳动部门统筹职权的制度性安排，逐步在职业资格领域实现各部门权责的协调性，形成相互融洽的职业资格目录体系。另外，还要使部门权责目录和职业资格目录高度衔接，建立部门权力目录随职业资格目录动态调整机制。协调责任目录与职业资格目录的匹配，做到监管和实施的高度配合。

第三节　国家职业资格目录的退出

一、目录退出结合《行政许可法》的条文分析

（一）目录退出现行规定

正如准入类职业资格设定条件的法律依据一样，我国目前可见的关于职业资格证书目录退出的法律规定仍然来自《行政许可法》，具体条文是本书第二章"制度改革与职业资格身份权"部分已经介绍过的《行政许可法》第八条和第六十九条的规定。第八条第一款规定的"公民、法人或者其他组织依法取得的行政许可受法律保护，行政机关不得擅自改变已经生效的行政许可"可以视为行政许可法建立信赖保护制度的宣誓性规定。第二款规定的"行政许可所依据的法律、法规、规章修改或者废止，或者准予行政许可所依据的客观情况发生重大变化的，为了公共利益的需要，行政机关可以依法变更或者撤回已经生效的行政许可。由此给公民、法人或者其他组织造成财产损失的，行政机关应当依法给予补偿"可以视为一方面变更和撤回职业资格认证的正当理由是"公共利益"加上"重大改变"，这与设定职业资格的正当性条件相似，只是多了

"重大改变"；另一方面"依法给予补偿"可视为落实信赖保护的经济手段，也是职业资格身份权受损的一种救济。

（二）退出条件的分析和完善

从《行政许可法》第八条规定可以看出"重大改变"加之"公共利益"可以作为撤回或变更职业资格诸如职业资格认证等行政决定的依据或条件。但是，在运用"重大改变"加之"公共利益"的问题来变更或撤回行政决定的时候，又会遇到本书第二章讨论过的公共利益评判机制类似的问题，不过此时因加上了同样主观性强、边界模糊的"重大改变"，评判难度显然加大。换言之，正是因为评判机制建立难度大，恰好给予行政机关更多的自由裁量空间。因为我国《行政许可法》并未针对判定"公共利益"以及"公共利益"与"信赖利益"之间比例原则的标准进行明确的规定，行政机关在做出撤回决定时往往容易把"公共利益"等同于"部门利益"，选择有利于部门利益或者部门开展工作便利的一方。因此，无论是《行政许可法》还是将来推动职业资格设置管理的相关立法工作，都应注意建立对"公共利益"或"重大改变"等影响决策的重要因素的科学评判机制。另外，笔者认为设置职业资格时的法定正当理由是为了保护公共利益，撤销时如果规定为设置职业资格所依据的相关情形消失或不存在则是一种更简单易行的选择。例如，假设当年设置会计从业资格的理由是保护需要获取更加准确的会计信息的不特定的公众的公共利益，那么决定取消会计从业职业资格认证时的原因只需要是不再需要通过设定会计从业资格认证来保护此前提及的不特定公众的公共利益。

二、目录退出程序制定

（一）申报和劳动部门检查相结合

退出条件分为常态退出条件与非常态退出条件。常态退出条件主要是指职业资格设置自身状况发生自然变化，不再符合设置职业资格条件的情形；非常态退出条件主要是指职业资格设置本来就不符合实质性条件，或者违背程序性条件要求而设置职业资格的情形。常态退出条件的职业资格设定的情况发生变化，如不再具有维护公共利益的正当性事由，不再需要具备特殊信誉、特殊条件等"重大改变"。譬如，《行政许可法》第八条"……行政机关可以依法变更或者撤回已经生效的行政许可……"的规定，可以视为行政机关做出变更撤销职业资格的法律依据，但是由什么主体提出修改法律的动议，由谁来判断"依据的客观情况发生重大变化"，《行政许可法》并没有明确规定。笔者认为，解铃还须系铃人，职业资格的实施部门应当负责职业资格的"维护"，如果发现撤销职业资格的事由出现时首先负有申报撤销职业资格并使之退出目录的义务；但是如前文所述，职业资格往往与实施部门有着千丝万缕的利益纠葛，劳动部门即人力资源和社会保障部门应负责对目录进行定期不定期的检查，如果发现有不适宜的职业资格事项，亦可以提出撤销要求。

（二）退出决定应遵循比例原则

正如前文所述，关于职业资格退出条件，我国《行政许可法》等相关法律并没有公共利益与信赖利益的比例原则的规定。但是，在建立目录时，单独在退出程序中嵌入比例原则的程序性规定应该是职业资格证书制度改革需要重视的部分。大量的政策和文件规定的指向都是朝着减少职业资格的目标，但是在改革过程中却缺失了对具体职业资格取消可能带来的"公共利益"与"信赖利益"变化的认识。其实，某一项职业资格在其长期存在的过程中，本来就是"信赖利益"的积累过程，而这种"信赖利益"其实也可以视为某种意义上的"公共利益"。譬如，会计资格证在取消时，就有不同的声音，认为会计资格证也有其存在的价值，笔者无意评判会计资格证取消是否正确，但是如果取消这项职业资格时加入对取消行为的比例原则的论证环节，应更能让公众理解当下正在进行的制度改革。

第四节　国家职业资格证书目录监督制度

一、职业资格证书制度与公示制度

（一）目录公示制度现状

由于职业资格目录涉及面非常广，既包括相关的国家机关部门，也包括行业协会等社会组织，更包括亿万的普通劳动者。因此，充分发挥社会监督，尤其是公示制度的作用，对于推动目录制定程序和内容的科学化具有重要意义。2019 年 1 月 17 日，人力资源和社会保障部公布了新的《国家职业资格目录》，共计 139 项，在备注中说明了"会计从业资格因法律修改调出《国家职业资格目录》"。虽然相比 2017 年公布的《国家职业资格目录》变化很小，仅涉及会计从业资格调出，但是笔者并未从网络上查到公示情况。目前，能够在网上检索到的《国家职业资格目录清单公示》仅为 2016 年 12 月 16 日的公示，公示期为 7 天，公示内容为：职业资格名称、实施部门（单位）、资格类别、设定依据。

（二）目录公示制度的分析与完善

具体而言，公示制度的内容主要包括公示期限、公示方式、公示内容、公示地点和对公示异议的处理。对于公示期限，目前并没有做出具体的规定，在 2016 年公示时提出公示期为 7 天。公示期限应当予以明确、时间应合理，过长则影响行政效率，过短又不能起到很好的社会监督作用；对于公示方式，目前仅仅在人力资源和社会保障部的网站上公示的效果显然是非常有限的，多数劳动者可能并没有形成浏览国家一级劳动管理部门网站的习惯，即使是相关行业组织的工作人员也未必会关注人力资源和社会保障部的网站，增加公示方式和渠道使之更易被公众了解才能真正发挥公示的作用；就公示的内容而言，2016 年的公示仅仅包含职业资格名称、实施部门（单位）、资格类别、设定依据，并没有具体的情况介绍。笔者认为职业资格目录的科学性相较于时效性显然更重要，适当延长公示期限更有利于发挥社会监督作用，公示方式则应更加多样，公示内容能够提供更多、更具体的说明才能真正发挥公示的作用，而不能仅仅为完成所谓的社会监督程序。

二、职业资格证书制度与听证制度

(一) 建立目录引入听证的必要性

我国目前还没有就听证制度制定专门的法律，但在 1996 年的《行政处罚法》中首先确立了听证制度，此后，《价格法》（1997）、《环境影响评价法》(2002)、《行政许可法》（2003）、《城乡规划法》（2007）等法律中也都一定程度地确定和推广了听证制度。截至 2019 年底，由国务院机构制定的以听证为主题的规定或办法有 23 部，主要涉及处罚、价格和行政许可，而涉及劳动领域的规定仅有《劳动行政处罚听证程序规定》。虽然，《行政许可法》第四十六条规定"法律、法规、规章规定实施行政许可应当听证的事项，或者行政机关认为需要听证的其他涉及公共利益的重大行政许可事项，行政机关应当向社会公告，并举行听证"，但直到 2013 年《国务院关于严格控制新设行政许可的通知》（国发〔2013〕39 号）规定了设置行政许可，才在规范行政许可设定审查程序中提及"起草单位对拟设定的行政许可，应当采取座谈会、论证会、听证会等多种形式，广泛听取有关组织、企业和公民的意见"。不过实施和新设"行政许可"并不等于制定《国家职业资格目录》，目录既包含行政许可类职业资格也包含非行政许可类职业资格，既可能纳入也可能调出。

目前，我国的《国家职业资格目录》的确定缺乏"广泛的"组织、企业和公民的参与，职业资格目录的实施效果和目录所列的职业资格是否得到劳动市场认可，仍然有待验证。目录的确定实质上常依赖于真实准确的信息，而目前尚缺乏有效的信息审核、甄别机制。《国家职业资格目录》是构建"科学设置、规范运行、依法监管的国家职业资格框架和管理服务体系"[①] 的重要基础，当属劳动领域体制改革的重大行政决策，在这样的重大决定过程中确立听证制度是保障决策更加科学、民主的重要手段，应通过听证会的方式，认真听取有利害关系的劳动者、组织机构及专家的重要意见。其目的在于使职业资格实施部门和劳动管理部门（人力资源和社会保障部）的重大行政决策置于社会公共监督之中，调动相关的个人和组织广泛参与决策的积极性，实现重大行政决策运

[①] 人力资源和社会保障部：《进一步减少和规范职业资格许可和认定事项的改革方案》（人社部发〔2017〕2 号），2017。

行的规范化，增强重大行政决策运行的公信力与执行力。譬如，四川凉山木里县森林火灾造成 27 名森林消防队员和 3 名地方干部群众牺牲的事件发生后，笔者就意识到消防人员有其工作的特殊性，无论是其技能特殊要求还是职业本身都关乎公众利益，对于该职业应设立准入要求，这样一方面有利于保护国家和公民的利益，另一方面对从业人员自身也是一种保护。

（二）建立目录听证制度

虽然我国已经先后于 2017 年和 2019 年公布了两版《国家职业资格目录》，但是要发挥听证制度在目录"动态调整"时的积极作用，将听证这一程序性法律制度与良法善治的实体法治有机结合，需要我们从当前确定《国家职业资格目录》这类重大行政决策听证的实践出发，从系统性、整体性、协同性的高度来构建制度。① 首先要以法治为中心，重新认识听证制度在科学制定《国家职业资格目录》、构建法治政府建设中的地位和作用；其次，要以制度建设为核心，在建立完善职业资格目录的同时构建相匹配的听证制度，从规范化、制度化、有效化方面下功夫，让听证制度真正成为落实《国家职业资格目录》、推动职业资格证书制度改革的有力参考和得力助手；再次，以细节完善为重点，保障听证制度的落地和落实，如依法确定听证主持人及职权、合理选择听证形式、制定代表遴选机制、合理分配听证时间、确保听证配套经费等。②

---

① 刘华. 完善重大行政决策听证制度的建议［J］. 云南大学学报（法学版），2016（1）：55—59.
② 陈建刚. 美国、德国、日本行政决策听证制度比较及借鉴［J］. 中共四川省委省级机关党校学报，2006（2）：94—96.

第八章　我国职业资格制度市场化改革建议

第一节　通过职业资格制度提高全民职业素质

一、建立提升职业能力的全覆盖交互性职业资格体系

建立全覆盖交互性的职业资格体系是提升全民职业能力、解决我国劳动力市场供需矛盾的重要手段。随着我国不可避免地逐渐进入老龄化社会，劳动力资源越来越成为整个社会的稀缺资源，但由于劳动力市场需求与劳动者职业素质的匹配度不高，容易造成结构性失业和劳动力资源的巨大浪费。因此，通过职业资格制度改革以实现全民职业素质的提高具有战略性的意义，笔者建议改变现有的静态的、孤立的职业资格管理模式，建立全覆盖、交互性的职业资格体系，一是使职业资格成为能够适应市场需求和劳动力个体特征的动态职业资格，为劳动者创造二次乃至终身的职业素质提升机会；二是制度性地消除各种教育培训系统之间的沟壑，使不同职业资格教育、职业资格教育培训与普通教育、专业技术培训和高等教育之间构建体系性、制度性的联系机制。实现以上目标的具体举措包含：第一，制定覆盖范围更加广泛、更加包容的职业资格政策目标，关注更多的职业和更多的劳动群体；第二，为社会背景和教育经历较低的劳动者，例如对没有接受过正规高等教育的劳动者制定针对性强的继续教育和职业能力持续提升培训体系；第三，搭建不同教育培训体系的互通机制，为劳动者和受教育者提供不同阶段对接渠道，无论哪种教育培训都能被记载入个人受教育信用系统；第四，建立覆盖传统学历教育、继续教育、非传统教育的多元化的职业素质评价标准体系；第五，建立对教育培训单位应对市场变化的响应机制的监控体系，提高培训与市场的关联度，确保取得资格的劳动者真正胜任职业；第六，行政部门建立与雇主单位和劳动者的有效联系机制，了解

相关职业资格的认可度，建立科学的职业资格评价机制。

二、明确虚假证书的民事责任

落实诸如使用虚假证书行为人的民事责任，是职业资格制度真正迈向私法化的重要途径。制作、使用虚假的职业资格证书往往会同时引发行为人的行政责任、民事责任，情节严重的还会背负刑事责任。但是，在我国的司法实践中，却更多以行为人受到行政处罚或刑事处罚作为处置方式，笔者于 2019 年 6 月在中国裁判文书网检索"假职业资格证"，检索到的 6 个推荐案例全部是法院的刑事判决书，行为人均受到了刑事处罚，但并未承担相关民事责任。通过个案分析发现，行为人其实除了需要承担相应的行政和刑事责任外，"使用"假职业资格证书往往会侵害用人单位或服务对象的民事权利或权益。由此看来，我国对于诸如使用假职业资格证书的违法行为处置依然体现出明显的"重公法轻私法"，重刑事责任轻民事责任的倾向，如果个体的民事权利被漠视，个人执法在职业资格制度维护中发挥作用就是空谈。

三、体系化下的劳动者权责一致

实现职业资格内部的体系化和权责一致是职业资格证书制度运行市场化的前提保障。劳动者通过个人努力和正当程序获得职业资格身份权理应得到民法的保护。同样，不当使用职业资格证书的违法行为也要承担相应的民事责任。换言之，职业资格证书制度应构建平衡的民事权责关系，这既是对职业资格身份权的保护，也是对合法使用职业资格的有效约束和导向。要消除滥用职业资格证书等相关社会现象及问题，建立和落实与职业资格身份权相匹配的民事责任归责机制，以起到直接弥补不当行为造成的后果和补偿对方的民事权益的作用，才能调动更多社会成员关心职业资格证书制度的健康发展，主动维护个体民事权利，承担起个人执法的责任，使职业资格证书制度在公、私法相互的作用下向着市场化方向迈进。

第二节　公法和私法的衔接

一、以民法典为节点铺设制度公私法连接的管道

实现职业资格证书制度的公法与私法的衔接，在立法层面就需要以《民法典》为节点铺设制度公私法连接管道。职业资格证书制度作为保护社会公共利益的强制性规范（准入类职业资格）或准强制性规范（水平评价类职业资格），要进入调整模式完全不同的民法领域，就需要通过立法实现公法与私法的对接。要处理好制度在公法与私法的对接，首先要选择一个连接通道的节点，显然《民法典》是最好的公私法连接的节点。就职业资格证书制度而言，以《民法典》作为节点，一端连接着宪法、行政法，一端连接着民事特别法。首先，前置于《民法典》的宪法规范要解决哪些宪法性权利，通过赋予立法机关民事立法权，将宪法的原则性规范转化为具体的民法规范，即设定身份权的原则和条件，因为身份权是对公民自由一定程度的限制，《民法典》人权部分已确定了身份权这一权利类型，实现了职业资格证书制度在宪法与民法的连接任务。其次，《行政许可法》作为前置于《民法典》的行政法规范，应规定和安排职业资格规制中私法规范与公法规范的范围以及"行业自治"与"行政管制"的界限，即哪些职业需要设定准入类职业资格，哪些职业不必设定。再次，要解决《民法典》与民事特别法的连接，这些特别法往往是为了实现一定时期的特别公共政策目标而制定的。如有关职业资格的法规就是通过规制劳动者个体的行为来保护社会公共利益的"强制性规范"或"准强制性规范"；《民法典》就是其他民事法律构建的基础，规定和体现立法者对于自治与管制调和的原则。

二、建立公私法互补的职业资格配置

公私法互补的职业资格配置不仅是公私法交融发展的需要，也是职业资格证书制度市场化的需要。我国职业资格证书制度的建设虽然借鉴了西方发达国家的经验，却走了截然相反的道路。以英国为代表的资本主义国家在深厚的行业自治基础上开始强化国家职业资格体系为代表的"公法"性质的资格配置，我国职业资格证书制度从计划经济时代发展到今天却选择了不断削减"公法"

性质的资格配置。无论是行业自治还是国家对劳动力市场的介入和干预，无论是"公法"性质的资格配置还是"私法"性质的资格配置，其实都有其合理性和正当性，选择任何一个极端都不能适应我国日益发展的市场化生产方式的需要。"私法"性质的资格配置奉行以市场为基础的自由理念和任意性规范，"公法"性质的资格配置则是强化秩序与管制为目标的强制性规范。尽管两者体现出不同的价值理念，却都是民法规范在职业资格证书制度的重要组成部分，只有对二者进行合理配置才能收到相得益彰的效果。当然，公私互补的职业资格的配置必须与劳动生产方式、经济发展水平、社会文化认同、社会组织成熟度、政策环境等相匹配，妥当建立兼顾行业自治和行政管制功能的法律规范，从而实现职业资格证书制度的公私法成功接轨。

三、政府进一步放权给行业协会职业资格认定权

虽然《进一步减少和规范职业资格许可和认定事项的改革方案》规定"取消国务院部门和全国性行业协会、学会自行设置的水平评价类职业资格"，但推行职业资格认定的市场化，政府进一步放权给行业协会，赋予行业协会相应的职业资格认定权是必然趋势。2007 年 12 月 31 日国务院办公厅印发《关于清理规范各类职业资格相关活动的通知》（国办发〔2007〕73 号），将行业协会设置的职业资格纳入清理范围，也明确要求将清理规范工作与推进行业协会商会改革发展工作结合起来。因此赋予行业协会职业资格认定权应分阶段进行：一是在部分行业，如果行业协会的改革发展达到一定的阶段要求，准入类职业资格实施部门将实施职权中的资格认定权通过一定程序授予行业协会。如行业协会提出申请，实施部门提出审批意见，如果实施部门同意授权则将授权情况报人力资源和社会保障部备案，同时由实施部门与人力资源和社会保障部负责监督，定期对行业协会履行职业资格认定权的情况进行监督评价，如果出现问题则提出整改意见，严重的则收回授权。二是水平评价类职业资格，可以由主管部门根据一定的标准，在行业协会或鉴定机构之间进行选择，当然选择的过程也可以由主管部门交与第三方评价机构进行独立评价后向主管部门提出意见和建议，同样主管部门应建立对行业协会执行职业资格认定权的评价监督机制。所以，建议将《进一步减少和规范职业资格许可和认定事项的改革方案》"发挥企业、行业和社会组织在人才评价中的重要作用"的精神纳入《职业资格证书管理办法》，在明确业务主管部门负责的前提下，实现归口管理后逐步推进行业协会组织发挥职业资格认定的作用。

第三节　职业资格民商事法律保障及权利救济

一、职业资格证书授予的法律属性

区别化地对职业资格证书授予的法律属性做出界定，可以为确定权利救济渠道提供理论依据。我国授予证书的法律属性因证书的类别不同而不同，授予准入类职业资格证书是一种行政确认行为，授予水平评价类职业资格证书是一种职业资格评价机构或组织依据专业能力和行业技术标准而拥有的自主的民事评价权利。准入类职业资格证书授予是根据法律规定的条件和程序，由法定的实施部门确定或否定申请人的法律资格、地位和权利义务等有关事项的法律事实，具有法定的确定力和约束力；在水平评价类职业资格证书授予过程中，资格证授予机构的权利是参与社会管理的一种私权利的行使，被视为社会权力的私法化。该私权利具有社会权力的属性，但是其权利来源并非会员让渡，而是国家法律的认可。《进一步减少和规范职业资格许可和认定事项的改革方案》（人社部发〔2017〕2号）规定取消国务院部门和全国性行业协会、学会自行设置的水平评价类职业资格。水平评价类职业资格证书的授予包括缴费、考试和发证三个环节，证书许可认证机构与申请人的关系具备平等有偿的民事合同的属性，也具备管理型交易的属性。

二、虚假职业资格的责任及其追究

明确虚假职业资格的规则原则有利于为实现制度市场化导向提供重要保障。我国的职业资格许可认证的权利来自法律授权，除了制作使用虚假证书的当事人对相对人应承担赔偿责任外，许可认证机构在一定条件下对于作为第三人的职业资格证书相对人也具有赔偿责任。因此，笔者建议将民事赔偿责任引入职业资格特殊法规的条文之中，除追究制作、使用虚假职业资格证书的行为人的个体责任外，更应借鉴《产品质量法》的规定，同时规定许可、认定机构的行政、刑事责任和对第三人的民事赔偿责任。在立法建议方面，明确虚假证书的行为人和许可认定机构对职业资格证书使用相对人的民事责任，首先可以使职业资格证书制度的私法化有立法的保障，其次还可以通过维护相对人的民事权利，为作为相对人的普通个体开辟主张权利的渠道，进而通过私法救济的方式来追究不法行为的责任，逐渐杜绝假证、挂证的社会乱象。虚假证书行为人对相对人承担民事责任不难理解，许可认定机构与职业资格使用的相对人并没有直接的法律关系，其承担民事责任是基于其法定义务。因为职业资格许可认证的权利来自法律授权，所以许可认定机构与第三人之间自然有一种信赖关系，职业资格证书具有信用公示功能。劳动者通过考试申请许可认定机构向其签发资格证书，并非纯粹为了证明其劳动素质，而是为了获得更佳的就业机会或者吸引潜在的服务购买者与其进行交易。许可认定机构与作为第三人的雇主或服务购买者之间是一种法定关系。这种法定关系决定了许可认证机构的法定义务，其承担民事责任应适用无过错责任原则，即对已经发生的损害结果不问其有无过错，都要承担赔偿责任。

三、预防非政府机关法人授予职业资格权的滥用

在建立了虚假职业资格的归责体系后，杜绝非政府机关法人授予职业资格权的滥用是在实现合法性基础上对制度最佳性的追求。虽然经过清理整顿和职业资格证书制度改革后，非政府机关法人不能自行设立职业资格，但是如果通过实施部门的授权取得职业资格授予权时，授予资格权被滥用将同样破坏已经建立起来的职业资格信用体系。因此，预防非政府机关法人的权利滥用，一方面要通过立法，建立归责和责罚体系，强化法规的警示预防作用；另一方面则应强化职业资格牵头部门和实施部门的管理责任和监督责任。要落实管理责任就应建立科学的符合市场需求的职业资格标准，将劳动力职业素质提升、用人单位（企业）需求、就业质量等关键因素融入职业资格标准的制定当中，建立职业资格标准的定期评价和调整机制，实现职业资格的动态化管理。落实监督责任的建议，一是对《劳动法》第八章第六十九条进行修订，增加"人力资源和社会保障部门会同经备案的实施部门负责对企业、行业、社会组织和劳动者实施职业资格证书制度的监督管理"，通过法律规定明确牵头部门和实施部门的职责；二是将监督责任纳入政府的行政体制改革的内容当中，将监督责任落实到相应部门的绩效考核内容之中。

四、侵害职业资格身份权与侵害人生计划权利的救济

侵害职业资格身份权与侵害人生计划权利，应根据侵害行为导致的结果不

同而适用不同的救济方式和标准。这类侵害大致可以分为两种情况：第一种情况是当侵害行为如不当撤销职业资格或应当授予却没有授予导致职业资格身份权丧失或没有取得，同时彻底改变了当事人的人生计划，此时的救济方式无外乎行政赔偿和民事赔偿两种渠道。一方面，应当恢复或补授当事人职业资格；另一方面应赔偿当事人的民事损失，这种损失包括当事人遭受的物质损失，也包括职业资格身份权的精神损失，还应包含当事人的人生计划权利损失。对职业资格身份权充分的补偿一方面可以彰显权利的价值；另一方面可以通过适用对人生计划权类似于惩罚性赔偿的标准，警示对职业资格身份权和人生计划权利的恣意侵犯。第二种情况是侵害行为只是侵犯的职业资格身份权，并没有侵犯当事人的人生计划权，即没有改变当事人的人生计划。例如冒用他人的职业资格身份的行为，并没有导致被侵犯人改变自己的人生计划，此时的救济方式则应是责令侵犯人停止侵犯行为，赔偿职业资格身份权利人的损失，但不必就人生计划权利做任何赔偿。

第四节　职业资格制度的体系化建设和立法建议

一、体系化与动态化的职业资格制度建设

（一）根据国情建设职业资格证书制度

加强职业资格证书制度的系统性建设，应实事求是地根据社会和市场的发展水平来推进职业资格证书制度改革进程。逐步打通职业教育培训系统和普通教育系统，在科学设置职业资格认证的前提下强化职业技能等级认定、职称评聘和劳动力市场的互通互认，构建覆盖范围更广的、立体的综合性职业资格证书制度。根据中国最新职业分类加快职业标准开发，除陆续颁布国家职业技能标准外，一步步实现由行业协会、行业领导性企业牵头开发行业、企业的职业评价规范，推动成熟的行业、企业职业评价规范转化为国家职业技能标准，同时鼓励企业在国家职业技能标准基础上开发应用体现国际最新技术的企业评价规范。严格落实《国家职业资格目录》，实行清单式管理、动态调整。

（二）采用以市场为导向的分权化治理和监管服务并重的改革策略

引入市场规制的新型复合理论，在职业资格行政规制削减的同时扩大职业资格的行业自治。采取以市场为导向的分权化策略，当职业或行业具备条件时，逐步将现在由政府部门负责实施的职业资格认证的部分或全部职能推向市场、社会，充分发挥市场机制和社会组织的自治功能，实现相关行业的职业资格的市场自我调节和自我管理。对已经取消或将要取消的职业资格，要做好放与管的结合，加强市场化的职业标准建设，加强行政指导以及行政部门的事中、事后监管，杜绝"一放就乱"的局面。第一，进一步建立全过程的行政监管方式，真正使《行政许可法》关于事中、事后监督的有关规定落到实处；第二，要进一步健全社会和行业的市场化监管制度，落实市场和民事的信用监管和惩戒措施；第三，要进一步丰富监管主体，不断建设和规范行业协会等形成新型的社会组织，为行业自律打好社会基础；第四，要进一步加强建设公私交互的社会监管体系，逐步实现职业资格证书制度的社会共管共治。

（三）服务社会公共利益，完善国家职业资格目录的动态管理

正如霍布斯所说，正义的政府应该是公私利益结合得最好的政府。政府职能的过程就是政府价值自我求证的过程，就是政府保持自身合法性存在的过程。坚持公共利益和公众福利的最大化是职业资格证书制度改革的终极目标，在改革过程中要同时兼顾制度的经济效益。在《国家职业资格目录》的动态管理过程中，应建立准入和退出的标准和相应法定程序，特别是要注重发挥公示制度、听证制度的监督作用，加强目录的科学规划，建立统筹机制，逐步形成系统、科学、完整的国家职业资格目录。

（四）进行系统化法律制度建设

制度改革能否顺利进行，改革成果能否巩固，在很大程度上与改革的决策者和执行者重视法治建设的程度是分不开的。系统性地建立与职业资格证书制度配套的评价制度、监督制度、程序制度、赔偿制度，在制度建设时将保护公共利益与适应市场需要相结合，促进企业参与职业教育，引导劳动者将提升劳动素质与终身学习结合，在《职业资格证书制度改革总体方案》中明确组织体系、改革措施、改革方案和推进步骤。

（五）积极培育行业协会等民间组织，逐步扩大职业资格行业自治

加强行业协会自身建设，为逐步扩大职业资格行业自治打好基础。改革治理结构与运行机制，优化内部人员结构，发挥自身的综合资源与信息优势，提升其在参与职业资格证书制度建设中的作用，譬如参与现代职业教育的决策咨询、管理与服务，在政策方面为行业协会、学会等社会组织承接人才评价工作开辟广阔空间。尽快实现行业协会在职能、机构、资产财务及人员管理四个方面与政府行政部门彻底脱钩（简称"四脱钩"），回归其独立自主的非营利性社团组织身份。提高行业协会领导者与工作人员的职业素养，加强制度化的规范管理，借助行业协会章程等内部制度规范规制内部行为，实现组织治理走向社会自治，开拓其生存与发展空间。

（六）建立职业资格证书制度定期评价机制

以实现制度的"最佳性"为目标建立定期评价机制。在价值导向上，强化职业资格证书制度建设的制度理性、过程民主和制度效能；在制度的功能上，注重制度的形成性机能；在考量重点上，积极地谋划制度的正当性；在保护法益上，以整个社会的公益和制度福祉的推进为主；在考量节点上，在监督审查外增加政策分析；在基本构成上，更加注重制度实施效果与制度设计构架的匹配、行政守法与规制工具的选择、程序设计与决策理性化、司法政策功能与国家政策多元化。

二、建立劳动者自由流动与接轨国际的职业资格制度

建立劳动者自由流动与接轨国际的职业资格制度，是贯彻中央《关于深化人才发展体制机制改革的意见》的重要举措，也符合《人力资源和社会保障部关于充分发挥市场作用促进人才顺畅有序流动的意见》（人社部发〔2019〕7号）"促进人才顺畅有序流动是激发人才创新创业创造活力的重要保障，是深化人才发展体制机制改革的重要任务，是实施人才强国战略的重要内容"的要求。该意见同时还要求"加强职业资格国际互认，推进职业资格双边或多边互认"，但是笔者2019年从北大法宝检索到的国务院和部委的规范性文件仅有5篇，其中3篇国务院文件为关于贸易的批复和通知，如《国务院关于同意深化服务贸易创新发展试点的批复》等；1篇为《国务院关于印发服务业发展"十二五"规划的通知》；只有1篇多部委的文件《关于加快软件人才培养和队伍

建设的若干意见》直接规定了"大力推进国际间软件专业技术人员的职业资格互认"。另外,《关于对引进国外职业资格证书加强管理的通知》(劳社部发〔1998〕18 号)和人力资源和社会保障部职业技能鉴定中心 2016 年公布的《以技能为主的国外职业资格证书及发证机构资格审核和注册办事指南》的适用范围均为在中国境内开展的国外职业资格认证或职业技能考试。

因此,笔者建议将中央《关于深化人才发展体制机制改革的意见》的指导思想写进制度,同时将促进人才流动作为职业资格证书制度的原则性规定予以明确。同时,要求职业资格实施部门在制定职业资格标准时必须将证书有利于自由流动和接轨国际作为重要的参照指标。另外,加大引进国外职业资格证书的力度,从而倒逼我国的职业资格更多借鉴发达国家职业资格证书管理的先进经验和做法,在条件成熟时再考虑将国内的职业资格输出,扩大中国在国际社会的影响力。

结　论

　　我国的职业资格证书制度自 1995 年人事部印发《职业资格证书制度暂行办法》以来已经历 20 多个春秋，无论是发展还是改革，与之相关的研究从未间断，虽然各方学者形成了一些对策与措施方面的共识，如在法律制度建设、管理结构体系建设、质量保障和认证评价体系建设等方面，但是并未充分引起行政部门的重视，相关意见并未完全吸纳进入《进一步减少和规范职业资格许可和认定事项的改革方案》（以下简称《改革方案》）。职业资格证书制度的研究并不是一个新话题，研究成果对于我国的制度完善还相对滞后。有的因为并未考虑制度移植环境而"水土不服"，更重要的是研究深度不够，关注制度理论依据和价值的并不多。运用法学理论对职业资格身份权制度进行研究，并实现制度的改革创新仍属于一个全新的领域。因此，本书以法学理论的视角切入，界定制度相关的重要权利内涵，运用"平衡论"原理对制度存在的问题的产生原因进行剖析，在公、私法交融的大背景下引入民法规范作为制度理论框架的重要支撑，试图将我国公法化的职业资格证书制度导向公法与私法规制并重的市场化体系。

　　本书通过对国外职业资格证书制度的介绍分析以及与现实状况对比，引出我国制度改革需要回答或解决的问题。针对公众普遍关注的问题，分析理想化的制度借鉴、公法主导的制度构建和现行改革方案存在的深层问题及其根源。在界定清楚职业资格相关权利内涵、职业资格证书制度价值后，通过实证统计分析评价"制度效能"，有针对性地从管理模式调整、法律责任重构、公私多元规范等多个角度提出制度改革的意见和建议，以期对职业资格证书制度的改革政策完善和相关法规的制定或修订提出切实可行的建议。现将本书的主要观点和结论归纳如下：

　　在制度价值方面，需要借鉴西方的理论基础。职业资格证书制度改革不是单纯的行政范畴的"放管服"改革，制度改革既要贯彻国家改革的宏观政策也应坚持制度的核心价值，根据平衡论的原理分析，应建立职业资格身份权和职业资格合同的民法调整模式。具体的建议如下：

第一，要解决职业资格证书制度价值定位不准确的问题，明确职业资格证书制度不仅是《改革方案》中的"人才评价制度"，制度的价值还包含消除信息不对称、促进劳动交易效率和劳动力资源调配。目前的认识偏差从制度层面来分析，主要还是制度建设根植于计划经济体制的大背景，虽然国家已经实现了市场经济，但是一些历史原因形成的影响和固有的思维和工作模式依然沿袭了下来。建议在完善《改革方案》时，一是将"进一步减少和规范"改为"进一步完善"，二是将"深化人才评价制度改革"改为"深化职业资格证书制度体系改革"。

第二，要确立职业资格身份权的民法保护机制，行政权力不得随意干预。缺乏保障的权利等于没有权利，强化职业资格身份权的民法保护，有利于提高职业资格证的社会认可，彰显职业资格证书制度的价值。建议逐步建立以《民法典》为核心的职业资格身份权的民法调整体系，打通民法典连接其他专门法律的管道，可以对人格权的规定采取列举加概括的立法模式，使总则作为原则法具有更好的弹性和延展性，从而将职业资格身份权作为新型权利类型，纳入《民法典》予以保护。

第三，在职业资格改革过程中要运用平衡论原理做好公共利益与职业资格的平衡、职业自由权与职业资格身份权的平衡。因为缺乏平衡论对制度建设的指引，职业资格认证在发展期往往容易忽略对职业自由权的保护，而大力度改革削减期也应避免忽略公共利益和职业资格身份权的保护。因此，建议将做好两个平衡纳入《改革方案》，将"为促进大众创业、万众创新提供支持服务"改为"为促进创新、创业和各方面协调发展提供保障"。

第四，要注重制度的信号标识功能，积极推进劳动者素质提升。好的职业资格证书制度建立的目的并不是要阻碍劳动者就业、创业，而是应该引导劳动者积极提升职业素质，增加劳动力资本储备。充分发挥职业资格的信号标识功能，恰好能够提高劳动力市场的交易效率和交易安全性，从而提高劳动者的实际收益，激励劳动者自主做出提高职业素质的理性选择。严控资格认证标准不但不会影响就业，反而会因促进劳动者提升职业素质而实现高质量的就业。建议在《改革方案》中，一方面继续加强对行政权力的限制；另一方面在行业协会还未发展成熟之前，积极进行市场化的第三方评价认证机构建设，同时完善对评价认证机构的监管，在制定的《职业资格证书管理办法》中加大对认证评价机构疏于履职和不当履职的惩罚力度。

在制度框架体系方面，现有制度依然是一种单一的、行政化的评价制度，改革仍然主要依靠行政权力在推进。职业资格证书制度缺乏职业教育培训、劳动力素质评价和市场需求有效的衔接，要做好这两个方面的衔接就要充分认识到行政干预少一些、市场调整多一些的益处。真正建立市场导向的职业资格证书制度才是改革取得实效的前进方向。具体建议如下：

第一，要将公私法化融入制度改革之中。一是要建立行政管制与市场自治并重的理念；二是要将市场规制法理运用于制度改革；三是要在制度设计中同时利用公法和私法的特点，建立多层次、多元化的制度规范，从而使职业资格在更大的范围更好地得到市场的认可和接纳。

第二，要转变政府的职能，整合职业资格考核、审核、培训、管理等方面的部门职责、分工，形成实施部门之间的协同联动，从而形成科学系统的评价标准体系、考核认证体系、教育培训体系和证书管理体系。

第三，要大力发展行业协会为代表的社会团体组织，为建设行政管制和行业自治提供基础条件。因为行业组织的建设发展往往需要漫长的过程，可以逐步将部分的职业资格自治工作由政府部门移交给条件成熟的行业组织；行业组织条件不成熟的，可以大力推进第三方评价认证机构建设，在政府部门的严格监管下，将部分职业资格规制工作交给第三方认证机构。

在制度改革程序方面，要建立科学的评价机制，以评价结果作为改革推进的重要依据，杜绝因为主观臆断造成的改革失效或效果低下。虽然《改革方案》已经体现了"削减比例达到原总量的70%以上，持续降低就业创业门槛，激发市场活力和社会创造力"的效果，但是笔者对《中国劳动统计年鉴(2017)》获取的近10年的数据进行分析后发现，参加鉴定考试和获取证书的人员并未减少；分析2018年10个省或地区的教师资格考试的收费标准，均在几百元以内，并未构成劳动者就业的巨大成本。由此看来建立独立、科学的评价标准是职业资格制度改革所需的。具体建议如下：

第一，制度改革必须以制度效能为参照，以追求改革的正当性和最佳性为目标。借鉴发达国家的就业质量指标，将其作为职业资格证书制度改革贯彻落实十九大报告中"提高就业质量和人民收入水平"精神的重要举措。

第二，将制度改革与制度有效性相结合，以真实、科学的数据分析来作为改革方案的制定依据。引入第三方评价体系，避免改革过程中政府部门既当"运动员"又当"裁判员"的现象。

第三，进一步完善《国家职业资格目录》，无论职业资格增加还是减少，都必须严格遵照一定的标准和程序。除了《国务院关于严格控制新设行政许可的通知》对于行政许可类职业资格的新设有严格的标准和程序规定外，还应在坚持比例原则和信赖利益保护原则的条件下，逐步完成《国家职业资格目录》

的整体性建设，在此基础上建立涵盖各种类型的职业资格的准入和退出标准和程序。

　　本书聚焦职业资格证书制度改革，通过对改革的反思和对国外职业资格制度的分析，提出了制度私法化和市场化的改革建议，也通过平衡论、制度效能评估、信号标识和部分市场规制法原理等一些方法、理论来尝试分析和解决制度改革中出现的问题。但是在分析论证过程中，常受制于笔者的理论功底有限和未能获取更多的国内外一手数据、资料，未能更进一步深入地挖掘问题产生的原因和提出更加实际和细化的方案，在研究过程中也常常陷入选择构建职业资格证书制度的完整体系还是仅就制度的私法化进行深入研究的纠结之中。但无论是体系建设还是制度私法化的探索，都将是笔者以后继续努力和研究的方向。

参考文献

一、图书

[1] 陈晓君. 民法典结构设计比较研究［M］. 北京：法律出版社，2011.

[2] 大桥洋一. 行政法学的结构性变革［M］. 吕艳滨，译. 北京：中国人民大学出版社，2008.

[3] 管洪彦. 农民集体成员权研究［M］. 北京：中国政法大学出版社，2013.

[4] 国家行政学院博士后管理委员会办公室. 简政放权与政府职能转变［M］. 北京：国家行政学院出版社，2016.

[5] 汉斯·贝恩德·舍费尔，克劳斯·奥特. 民法的经济分析［M］. 4 版. 江清云，杜涛，译. 北京：法律出版社，2009.

[6] 卡尔·拉伦茨. 法学方法论［M］. 陈爱娥，译. 北京：商务印书馆，2003.

[7] 李军鹏. 现代政府建设［M］. 北京：经济科学出版社，2017.

[8] 李敏华. 劳动契约自由规制及实施研究［M］. 北京：北京大学出版社，2015.

[9] 李秋红. 我国转型期就业安全研究［M］. 北京：经济科学出版社，2011.

[10] 梁慧星. 民法解释学［M］. 北京：中国政法大学出版社，2000.

[11] 卢梭. 社会契约论［M］. 何兆武，译. 北京：商务印书馆，2003.

[12] 吕忠民. 职业资格制度概论［M］. 北京：中国人事出版社，2011.

[13] 罗豪才. 行政法平衡理论讲演录［M］. 北京：北京大学出版社，2011.

[14] 曼昆. 经济学原理［M］. 6 版. 梁小民，译. 北京：北京大学出版社，2012.

[15] 史尚宽. 民法总论［M］. 北京：中国政法大学出版社，2000.

[16] 苏丽锋. 中国转型时期就业质量研究［M］. 北京：社会科学文献出版社，2015.

［17］王诚. 促进就业为取向的宏观调控政策体系研究［M］. 北京：中国社会
科学出版社，2012.

［18］王恒. 个体·权利·身份——现代民法中人的境遇与权利的身份差异
［M］. 北京：法律出版社，2016.

［19］王泽鉴. 人格权法［M］. 北京：北京大学出版社，2013.

［20］杨遂全，何霞，王蓓，等. 劳动法与社会保障法新论［M］. 成都：四川
大学出版社，2015.

［21］杨遂全. 婚姻家庭亲属法学［M］. 北京：清华大学出版社，2011.

［22］袁绍义. 劳动合同法理论与实务［M］. 北京：光明日报出版社，2010.

［23］Madhu Singh. National qualifications frameworks and support for
alternative transitiong routes for young people［M］. Berlin：Springer
International Publishing，2017.

二、期刊

［1］安宁波，吴汉森，刘影，等. 从行政许可角度看执业医师资格准入管理制
度［J］. 现代医院管理，2013，11（4）：87－89.

［2］曹贤信. 夫妻身份权利体系的立法构想［J］. 重庆理工大学学报（社会科
学版），2011，25（2）：58－62.

［3］曹燕. "劳动者"的法律重释：境况、身份与权利［J］. 法学家，2013
（2）：33－42.

［4］曹晔，盛子强. 我国职业资格证书制度的历史、现状与趋势［J］. 职教论
坛，2015（1）：70－75.

［5］陈泓至. 公法私法化问题初探［J］. 法制与社会，2018（2）：16－17.

［6］陈慧梅，谢莉花. 美国标准职业分类的新发展及其启示［J］. 当代职业教
育，2019（2）：95－101.

［7］陈建刚. 美国、德国、日本行政决策听证制度比较及借鉴［J］. 中共四川
省委省级机关党校学报，2006（2）：94－96.

［8］陈天祥，李倩婷. 从行政审批制度改革变迁透视中国政府职能转变——基
于1999—2014年的数据分析［J］. 中共党史研究，2015（7）：132－151.

［9］陈映芳. 权利功利主义逻辑下的身份制度之弊［J］. 人民论坛·学术前
沿，2014（2）：62－72.

［10］陈宇，张国英，程姝，等. 改革开放与中国职业变迁观察［J］. 中国培

训，2019（1）：41—44.

［11］程谦. 浅议我国身份权的精神损害赔偿［J］. 法制与经济（下旬），2014
（2）：24—25.

［12］杜玲毓，孙健敏. 中国情境下的从业人员流动研究评述［J］. 现代管理
科学，2019（2）：94—96.

［13］范志强. 身份权研究［J］. 法制博览，2016（11）：94—95.

［14］高景芳. 职业许可程序的法经济学分析［J］. 中国劳动，2016（8）：
4—8.

［15］高秦伟. 行政许可与政府规制影响分析制度的建构［J］. 政治与法律，
2015（9）：61—74.

［16］高志宏. 公共利益法律关系的主体论及功能实现［J］. 南京社会科学，
2017（6）：99—107.

［17］郭明瑞. 人格、身份与人格权、人身权之关系——兼论人身权的发展
［J］. 法学论坛，2014，29（1）：5—10.

［18］郭鸣. 论亲属身份权的侵权法保护［J］. 江西社会科学，2010（3）：177—
181.

［19］郭忠华. 农民工公民身份权利的分析框架——本土化创新的尝试［J］.
人文杂志，2015（2）：116—122.

［20］韩松. 论我国未来民法典总则编结构［J］. 当代法学，2012，26（4）：
84—91.

［21］韩巍. 职业资格框架改革：目标、模式与原则［J］. 人才资源开发，
2016（5）：36—37.

［22］何朝平. 行政许可类职业资格制度初探［J］. 职业，2014（13）：74.

［23］胡睿超. 职业资格"挂靠"行为的公共规制路径研究［J］. 福建行政学
院学报，2018（2）：14—22.

［24］胡玉浪. 海峡两岸职业自由权制度比较研究［J］. 福建警察学院学报，
2013，27（2）：96—103.

［25］胡宗万. 市场化的收入分配制度牵引劳动力流动［J］. 中国人力资源社
会保障，2018（12）：30—32.

［26］黄忠. 民法如何面对公法：公、私法关系的观念更新与制度构建［J］.
浙江社会科学，2017（9）：62—73.

［27］贾薇. 人格权与身份权之间的区别［J］. 今日中国论坛，2013（15）：
417—419.

［28］ 江利红. 以行政过程为中心重构行政法学理论体系［J］. 法学，2012（3）：51－62.

［29］ 姜大伟. 论《民法总则》对亲属身份行为的调整——兼评我国《民法总则》相关之规定［J］. 学术论坛，2017，40（5）：22－30.

［30］ 金艳荣. 行政审批权下放过程中存在的问题及应对策略［J］. 长白学刊，2014（6）：65－66.

［31］ 李成，蒙仕东. 双学位教育的直接成本与机会成本分析［J］. 时代金融，2018（26）：319－321.

［32］ 李红卫. 我国职业资格证书制度与职业教育关系研究综述［J］. 职教论坛，2012（7）：9－13.

［33］ 李洪雷. 中国行政法（学）的发展趋势——兼评"新行政法"的兴起［J］. 行政法学研究，2014（1）：112－119＋126.

［34］ 李健. 规制俘获理论跨学科研究进展述评［J］. 经济评论，2012（1）：153－160.

［35］ 李锦辉. 我国职业资格考试的行政许可规制问题探析［J］. 行政与法，2011（4）：83－86.

［36］ 李南萱. 公共利益保护的法律限度研究——基于经济法视域［J］. 法制与社会，2018（11）：21－22.

［37］ 李启航. 人格权法的立法设计［J］. 法制博览，2015（11）：251.

［38］ 李腾瑞. 民法典编撰中侵权责任编和人格权编如何衔接［J］. 法制博览，2019（12）：228.

［39］ 李向东. 行政立法前评估制度初探——从新交通法规"闯黄灯"条款谈起［J］. 中国行政管理，2013（3）：35－39.

［40］ 李莹. 市场需求转型下行业协会承接职业能力评价路径探索［J］. 中国市场，2019（8）：177－179.

［41］ 李云. 让职业资格目录清单"清如水、不落单"［J］. 中国就业，2017（2）：56.

［42］ 李云林，胡天侠，黄军华，等. 美国行政许可：形式、设定及实施［J］. 中国行政管理，2013（2）：84－88.

［43］ 梁慧星. 中国民法典中不能设置人格权编［J］. 中州学刊，2016（2）：48－54.

［44］ 刘翠花，丁述磊. 职业资格证书对大学毕业生就业质量的影响效应——来自CLDS（2014）的实证分析［J］. 中国劳动关系学院学报，2017，

学版），2014（8）：180－187.

[78] 杨峰，徐继敏. 论回应型行政的法治维度及其实现路径 [J]. 安徽大学学报（哲学社会科学版），2017，41（5）：97－104.

[79] 杨立新. 《民法总则》民事责任规定之得失与调整 [J]. 比较法研究，2018（5）：31－43.

[80] 杨立新. 人身自由与人格尊严：从公权利到私权利的转变 [J]. 现代法学，2018，40（3）：3－14.

[81] 杨遂全. 现行婚姻法的不足与民法典立法对策 [J]. 法学研究，2003（2）：62－81.

[82] 杨伟东. 职业许可的变革 [J]. 国家行政学院学报，2016（3）：19－24.

[83] 叶英萍，李永. 民法典视域下亲属身份权之重塑 [J]. 西南政法大学学报，2016，18（1）：129－135.

[84] 余凌云. 听证理论的本土化实践 [J]. 清华法学，2010，4（1）：128－138.

[85] 俞荣根. 立法后评估：法律体系形成后的一项重要工作 [J]. 西南政法大学学报，2011，13（1）：3－10.

[86] 战东升. 民法典编纂背景下劳动法与民法的立法关系——以"类似劳动者型劳务提供人"的保护为切入点 [J]. 法学，2018（10）：95－106.

[87] 张帆. 劳动权利保障的制度困境与法律维度 [J]. 河北法学，2018（7）：72－78.

[88] 张峰振，毛宁仙. 统一法律职业资格制度下法学教育的机遇、挑战与对策 [J]. 国家教育行政学院学报，2016（9）：39－46.

[89] 张红凤，杨慧. 规制经济学沿革的内在逻辑及发展方向 [J]. 中国社会科学，2011（6）：56－66.

[90] 张礼洪. 人格权的民法保护及其理论的历史发展——兼议我国的立法模式选择 [J]. 中国政法大学学报，2018（4）：162－178＋209.

[91] 张雅. 劳动力匹配视角下我国产业升级困境剖析 [J]. 商业经济研究，2017（10）：177－179.

[92] 赵亮. 居民身份制度与身份权研究 [J]. 公民与法（法学版），2014（12）：58－61.

[93] 赵媛媛. 试论行政许可设定范围的合理界定 [J]. 法制博览（中旬刊），2013（5）：127－125.

[94] 中国行政管理学会课题组. 部分发达国家行政审批改革的制度设计和工

具选择［J］. 中国行政管理，2015（1）：142－145.

［95］钟国才，张继承. 身份权类型的理论认识与评价——基于类型化思维的思考［J］. 南昌大学学报（人文社会科学版），2010，41（5）：76－80.

［96］钟瑞栋. "私法公法化" 的反思与超越——兼论公法与私法接轨的规范配置［J］. 法商研究，2013，30（4）：117－126.

［97］朱瑞. 论人格权与身份权的关系［J］. 黑龙江省政法管理干部学院学报，2013（2）：63－66.

［98］Edward Timmons, Brian Meehan, Andrew Meehan, et al. Assessing growth in occupational licensing of low－income occupations：1993—2012［J］. Journal of entrepreneurship and public policy，2018，7（2）：183－217.

［99］Morris M. Kleiner, Alan B. Krueger. The prevalence and effects of occupational licensing［J］. British journal of industrial relations，2010，48（4）：740－757.